U0701991

中学生学习素养读本·趣说哲学系列

成语中的哲学

品味成语，领悟哲理
创造灵动智慧人生

胡兴松 编著

海天出版社
·深圳·

图书在版编目（CIP）数据

成语中的哲学 / 胡兴松编著. — 深圳：海天出版社，2015.9（2018.11重印）
（中学生学习素养读本. 趣说哲学系列）
ISBN 978-7-5507-1245-4

Ⅰ.①成… Ⅱ.①胡… Ⅲ.①哲学—青少年读物
Ⅳ.①B-49

中国版本图书馆CIP数据核字(2014)第292881号

成语中的哲学
CHENGYU ZHONG DE ZHEXUE

出 品 人　聂雄前
责 任 编 辑　刘翠文
责 任 技 编　梁立新
封 面 设 计　龙墨文化囊
　　　　　　0755-83461000

出版发行　海天出版社
地　　址　深圳市彩田南路海天综合大厦　（518033）
网　　址　www.htph.com.cn
订购电话　0755-83460202(批发)　0755-83460293(邮购)
设计制作　深圳市龙墨文化传播有限公司 (0755-83461000)
印　　刷　深圳市希望印务有限公司
开　　本　787mm×1092mm　1/16
印　　张　12.5
字　　数　150千
版　　次　2015年9月第1版
印　　次　2018年11月第2次
定　　价　25.00元

海天版图书版权所有，侵权必究。
海天版图书凡有印装质量问题，请随时向承印厂调换。

序

　　2014年，深圳市教育局秉承"儿童优先"和"一切为了学生健康成长"的核心理念，发布了《关于进一步提升中小学生综合素养的指导意见》，旨在培养和提升中小学生的品德、身心、学习、创新、国际、审美、信息和生活等八大素养。胡兴松先生的这套"中学生学习素养读本·趣说哲学系列"丛书在此背景下应运而生，确实令人欣喜。该套丛书既是胡先生勤奋笔耕的见证，又是其教育生命的延伸，必将在进一步提升中小学生综合素养的行动中产生积极的推动作用。

　　朱永新教授曾说："一个人的精神发育史，就是一个人的阅读史；一个民族的精神境界在很大程度上取决于这个民族的阅读水平。"我历来主张每一个人都要用心阅读，特别是青少年学生更应把握好吸吮知识的黄金时期。现代中学生应好读书、多读书、读好书。

　　胡兴松先生的这套丛书，由《成语中的哲学》《诗词中的哲学》和《故事中的哲学》构成，既有高度与深度，又有厚度与温度，犹如一席精美盛宴，令读者大快朵颐。

　　——有高度。联合国教科文组织的国际21世纪教育委员会在《教育——财富蕴藏其中》的报告中明确提出，21世纪，教育的四个支柱是：引导学生学会求知、学会做事、学会共处、学会生存。"学会求知"离不开学习素养。所谓学习素养，就是要以学为核心，端正学习态度，培养学习兴趣，提升学习能力，掌握科学的学习方法，养成良好的学习习惯。学习素养，是学生综合素养不可或缺的重要组成部分。而学习素养培养与提升的有效路径就是阅读、阅读、再阅读。阅读，可以拓展视野，陶冶情操，涵养品性，健全人格。"腹有诗书气自华。"生命，因阅读而精彩；生命，因阅读而美好。同时，学生的学习素养，不等于知识，但必须以科学文化知识为基础，而哲学知识则是科学文化知识体系的核心与灵魂，是每一个人须臾不可或缺的。本丛书既瞄准"学习素养"，有高度，又紧扣"哲学"，有灵魂，对培养和提升中学生的学习素养乃至人文素养，实现人的全面而自由的发展，各成乃器，应当是大有裨益的。

　　——有深度。古人言："云在意中妙。"一部书籍的意蕴、深度自然是其创意与思想。创意，无非是指对现实存在事物的理解以及认知所衍生出的一种新的思维和行为潜能。一个好的创意，不是人云亦云、趋人项背，而是打破常规、另辟蹊径，是别出心裁、独具匠心。思想的深度，也许是分析问题的客观、辩证，或实事求是、高屋建瓴，或一语中的、切中时弊，以引导人们透过现象看本质。正如本书作者所言："人类最可怕的不是胡思乱想，而是根本不去思想。思想麻木，比胡思乱想更可怕。"让我们做一名有创意、有思想的人！本套丛书从宏观体例上而言，将文学与哲学"嫁接"或"联姻"，是一种大胆的创新；从微观内容上来看，在对成语、诗词和故事的阐释中处处都闪烁着新颖而深邃的思想观点。例如，一反成语"杞人忧天"的千古之诮而褒扬其生态文明意识，对成语"人定胜天"的具体分析，对苏轼《题西林壁》的多维解读，都显露出作者独特的发现与见解，给人一种新风扑面的感觉。

——有厚度。起源于黄河、长江流域的中华文明虽历经沧桑，却犹如浩浩荡荡的黄河、长江奔流不息，始终显示出顽强的生命力和无穷的魅力。中华文化源远流长、博大精深，为中华民族生生不息、发展壮大提供了丰厚滋养。而众多脍炙人口的成语、富有哲理的诗词以及妇孺皆知的寓言故事，正是中华民族文化的基因与血脉，是中华民族共有的精神财富。清代学者章学诚曾说："灭人国者，必先亡其史。"如果有史而弃史，有史而不知史，则为莫大的悲哀。如果抛弃传统文化而"去中国化"，就会动摇我们的文化根基，割断我们的精神命脉，从而失去民族文化的自信，消解我们的精气神。本套丛书正是致力于把中华民族文化的经典嵌在学生脑子里，且不是一味地理论灌输，或抽象空洞地政治说教，而是既"入乎其内"，具有深厚的文化内涵和底蕴，又"出乎其外"，具有生动活泼、通俗易懂的言说形式，让青少年学生在成语、诗词和故事的百花园中感受中华民族的优秀传统文化，耳濡目染，情牵意动，净化灵魂，浸润涵养，为其一生的发展涂抹好底色。

——有温度。人们初入哲学殿堂，常会产生哲学语言晦涩难懂、哲学理论枯燥乏味的感觉。其实，在现实生活中，我们不能"跟着感觉走"，因为人的感觉往往是不可靠的。哲学决不是学究式的教条，哲学始终都是鲜活的。就哲学的表达形式而言，在哲学史上，虽然出现过像古希腊的赫拉克利特这样的哲学家，因怕被民众轻视而故意将哲学著作写得晦涩难懂，但哲学书籍一般都是形象生动、有血有肉的。哲学的晦涩难懂和枯燥乏味，往往产生于呆板、僵化的表述。而本丛书将成语、诗词、故事这些富有文学色彩的内容与哲学"嫁接"或"联姻"，以"趣说"的形式来阐发深奥的哲学道理，剥除了遮蔽在哲学上的神秘面纱，变抽象为具体，化深奥为浅显，颇具可读性，可令读者静静地在温馨、浪漫的字里行间体会那诗情画意、奥妙无穷的哲学智慧，从而孕生"爱智"的情愫，增强"爱智"的兴趣，获得富有哲理的启迪，并达到"乐学"的至高境界。

古希腊著名哲学家柏拉图曾提出，教育就是要为国家培养"哲学王"。当下，我们不奢望培养出千千万万的"哲学王"，然而，一个人不能没有哲学头脑，一个民族不能没有哲学思想。在"经济繁荣"的条件下出现"哲学贫困"，绝对是民族与国家的悲哀。为此，我们必须变革"贫困的哲学"，使哲学兼容并蓄、与时俱进，使哲学走出书斋、走近大众，使哲学通俗易懂、深入人心。我有理由相信本套丛书会引领你开启通向哲学殿堂的大门，迈入神奇、梦幻的哲学世界。

朱光潜先生在《谈美》一书中曾说："朋友，在告别之前，我采用阿尔卑斯山路上的标语，在中国人告别习用语之下加上三个字奉赠：'慢慢走，欣赏啊！'"让我们谨记这一箴言，翻开这套丛书，慢慢阅读，欣赏啊！

叶文梓（深圳市教育科学研究院院长）

2014年12月18日于深圳

写在前面的话

千百年来，成语一直为人们津津乐道、世代传承。成语是熟语中的一种，是人们长期以来习用的、定型的词组或短语。成语具有结构的定型性、内容的完整性、意义的精辟性、形成的历史性等特点，是语言园地中的常青树，具有永久的生命力。认真学习和恰当运用成语，不仅不会"使人思想懒惰"，而且可以使人思绪活跃、思维敏捷、思想深邃。

成语是中华民族文化之瑰宝，是汉语语言词汇之精品。成语与哲学都源于生活，反映生活，因此，众多成语特别是成语典故，都蕴含着丰富而深邃的哲学道理，能给人以智慧的启迪、情感的陶冶、思想的教诲、生活的警示。语言是文化的载体，成语是一种浓缩的文化。成语与哲学的交融，实际上是文化与哲学的交融，是历史与哲学的交融，更是生活与哲学的交融。因此，本书旨在从一个侧面来反映与展示这种水乳交融的关系，引领你去感受成语之美，感悟成语中深邃的思想内涵。

本书以《成语中的哲学》命名，无非是以某一脍炙人口的成语为题，借题发挥，一事一议，用"趣说"的形式来诠释深奥的马克思主义哲学道理，引领你走进马克思主义哲学殿堂，领略哲学大师们深邃的哲学思想，并学会运用马克思主义哲学原理来分析和解决现实生活中的实际问题。

在浩如烟海的中华民族文化宝库中，成语可谓琳琅满目、晶莹剔透。本书所选成语可谓九牛一毛、沧海一粟，且对每一个成语的哲理分析，因其特定的读者对象和目的，难免挂一漏万、浅尝辄止。在这条新路上，我虽步履蹒跚，但毕竟迈出了第一步，且已尽心竭力。愿本书能为哲学的通俗化、大众化鼓风扬波，哪怕是激起些许涟漪。我热切期盼读者的冷评热议，切磋指正。

哲学不是少数人的专利，愿你成为热爱智慧、追求智慧、拥有智慧的人！

胡兴松
2014年8月10日定稿于深圳

哲学概论

生活需要哲学智慧，生活中处处有哲学。哲学可以指导人们生活得更好，是美好生活的向导。

真正的哲学都是自己时代的精神上的精华，是社会变革的先导。马克思主义哲学的产生是哲学史上的伟大变革。我们应了解马克思主义哲学的特征和马克思主义哲学在中国的发展，坚持当代中国的马克思主义哲学。

让我们走进哲学的殿堂，自觉地追求智慧，创造美好的生活，书写绚丽的人生。

面对"思想者"，我们似乎可以说：思想不是哲学家的特权，学习哲学不能不思想，不能不怀疑。哲学智慧产生于人类的实践活动，源于人们对实践的追问和对世界的思考。

杞人忧天

哲学源于人们对实践的追问和对世界的思考

从前，有个杞国人总担忧天会塌下来，地会陷下去，自己无处存身，便整天睡不好觉，吃不下饭。朋友开导他说："这天，不过是一团气积聚起来的，没有一个地方没有气，你伸展身体、俯仰、呼吸，每时每刻都在天中活动，你为什么还担忧天会塌下来呢？"杞人疑惑地问："如果天真的是一团气积聚起来的，那么，天上的日月星辰不是都要掉下来了吗？"朋友又劝导他说："日月星辰只是那一团气体中有光耀的一部分，即使掉下来，也不会伤害人的。"杞人又追问："那么，地陷了，人又怎么办呢？"朋友又说："这地不过是堆积起来的土块，它塞满了四面八方所有空虚的地方，没有一个地方没有土块，你跨步、跳跃，每时每刻都在地上活动，为什么还要担忧地会陷下去呢？"杞人听后长舒了一口气，脸上露出欣喜的神色。

成语"杞人忧天"意在告诉人们一切毫无实际根据的忧虑都是不必要的，它只是人们自寻烦恼、陷入颓废和混乱的精神状态。"杞人忧天"与"庸人自扰"的意思大致相同。

我们从小被教育应懂得"天下本无事，庸人自扰之"的道理。因此，忧天的杞人总是为世人所讥笑。然而，我们似乎应为杞人正名。除去杞人"忧"的心态，而讨论其"思"的问题，即"天"是由什么东西积聚起来的，杞人无疑是大智者。在"杞人忧天"故事中，劝导者认为天是由气积聚起来的，就是一种朴素唯物主义的观点。在西方，这个问题从古希腊时代一直持续到哥白尼、牛顿的时代；在中国，屈原在《天问》中也提出了类似的问题。

其实，每个正常的人从童年时代起，往往会进行一些追问和思考："天会塌下来吗？地会陷下去吗？天塌地陷以后，我们怎么办？"追问与思考这样的问题，实际上已经不自觉地与哲学发生了关联。

我国南宋大哲学家陆九渊年仅4岁时，就向父亲提出了一个宇宙无限性的问题："天地何所穷际？"父亲笑而不答。

南宋时期的著名哲学家、教育家朱熹刚会说话时，父亲就对其进行启蒙教育。他父亲指着天说："天也。"朱熹反问："天为何物？"他父亲十分惊讶。

西方现代哲学家波普尔回忆说："当我还是一个孩子，也许是8岁的时候，我就偶然碰到了其中一个哲学问题。不知怎地，我听到有关太阳系和空间（无疑是牛顿空间）的无限性，就很困惑：我既无法想象空间是有限的（因为在空间之外又有什么呢？），也无法想象空间是无限的。我的父亲建议我去问他的一个兄弟，并告诉我，他的兄弟非常善于解释这类问题。这位叔叔首先问我对于不断延续的数系是否感到困难。我说不感到困难。然后他就要我想象：有一堆砖，然后把一块又一块砖加在砖堆上，无穷加下去，但永远填不满宇宙空间。"

可见，生活中处处有哲学，哲学就在我们身边。哲学源于人们对实践的追问和对世界的思考。面对大千世界，你多问几个为什么，就可能最终走上哲学研究的道路。

如今，杞人的忧虑不再是笑谈，而是作为一个严峻的事实摆在了世人面前。人们大量燃烧化石燃料，大气中的二氧化碳含量剧增，温室效应显著，导致全球气候变暖；人们制造出来的氟利昂大肆吞噬着臭氧层，南极上空已见空洞，恶毒的紫外线肆无忌惮地冲入大气层，伤害着脆弱的生命。联合国向全世界敲响警钟：21世纪，人类将面临资源枯竭、能源危机、人口膨胀、环境污染等四大问题的困扰，人类若不醒悟，将在劫难逃。而如何尊重自然规律的客观性，使人与自然和谐相处，这不正是一个令人关注的哲学问题吗？

人类最可怕的不是胡思乱想，而是根本不去思想。思想麻木，比胡思乱想更可怕。"惊奇是哲人的感受，哲学始于惊奇。"在生活中多追问，多思考，或许你就会成为一名哲学家。

对牛弹琴

哲学是系统化、理论化的世界观

"对牛弹琴"典出《庄子》："犹对牛鼓簧耳。"簧，是吹奏乐器里能发音的薄片。"对牛弹琴"的意思是：犹如给牛吹奏音乐。

小说《红楼梦》有这样一个情节描写——林黛玉调侃贾宝玉不懂琴音乐理，好比"对牛弹琴"。

这天宝玉来到黛玉房里，发现黛玉正在看一本书，书上的字他一个也不认识，就说："妹妹越发长进了，看起天书来啦。"黛玉嘲笑他说："好个念书的人，连琴谱都没见过？"说着就给宝玉讲解起来。讲了一会儿，黛玉的丫鬟（huán）紫鹃提醒宝玉说："姑娘的身体刚好一点，也该让她歇歇了。"宝玉笑了，说："我只顾听讲，让妹妹劳神了。"黛玉说："讲讲音乐倒也开心，只怕我讲了半天，你还是听不懂。"宝玉说："反正慢慢地也就听明白了。赶明儿我告诉三妹妹和四妹妹，叫她们也来学琴谱，弹琴让我听。"黛玉笑着说："你也太会享福啦。大家都学会了，弹起琴来，你听不懂，还不是对……"她说到这儿就打住了。这话宝玉倒是听懂了，把话接过来说："只要你们能弹，我就爱听，管它是不是对牛弹琴呢。"

东汉时期，有一位对佛教教义颇有研究的学者，名叫牟融。他引用儒家的诗书向儒者宣讲佛经，受到了一些儒者的责难，指斥他不直接依据佛经来回答问题。于是，牟融讲了一则音乐家公明仪的故事：

> 从前，有个叫公明仪的琴师，琴弹得优美动听，每逢朋友相聚、良宵吉日，他都要弹上一曲。凡是听他弹奏的人都被他那高雅的琴曲所打动。
>
> 有一天，天气晴朗，风和日丽，公明仪带着琴到野外去弹奏。高山、小溪、青草、鲜花，百鸟争鸣，令人心旷神怡。在不远处的柳荫下还有一头老黄牛低头吃草，悠闲自在。公明仪顿时激情泛起，在山坡上，对牛弹起了一支非常高雅的琴曲，可那头老黄牛却无动于衷，只顾自己埋头吃草。
>
> 公明仪见牛毫不理会，于是重新弹了一曲非常通俗的乐曲，那头牛听到这如同蚊子、牛虻和小牛的叫声般的琴声后，居然停止了吃草，耸起耳朵认真地倾听起来。接着，摇晃着尾巴慢慢地踏着小步来到了公明仪身边。
>
> 最后，牟融说："对没有读过佛经的人直接谈佛经，等于白费口舌。"

哲学不是"阳春白雪"，哲学不能"对牛弹琴"。哲学就在我们身边。哲学源于生活，属于生活。哲学就在你的言谈举止、嬉笑怒骂、祸福得失之中。生活中处处有哲学。哪里有生活，哪里就有哲学。哲学无非是探讨和论述关于天、地、人及其相互关系的大道理，思考世界、人生和现实生活中最深刻的道理。不过，哲学是系统化、理论化的世界观。哲学需要人们孜孜不倦地研究与求索，需要人们将世界观系统化、理论化。

针对有人将哲学看得太容易，不致力于哲学研究却高谈阔论，还装作非常内行的样子，黑格尔说：人人有脚作模型，也有学习制鞋的天赋，却承认做鞋必须有专门的技术，否则不敢妄事制作。唯有对于哲学，人们往往觉得没有学习、研究的必要。其实，不研究哲学而高谈哲学，就"像某些动物，它们听见了音乐中一切的音调，但这些音调的一致性与谐和性，却没有透进它们的头脑"。

世界观人人都有，但一般人自发形成的世界观还不等于哲学。人人都有自己的世界观，但并非人人都是哲学家。哲学同人们在日常生活中所产生的零散的不自觉的世界观既有联系，又有区别。世界观是人们对整个世界以及人与世界关系的总看法和根本观点。哲学离不开世界观，它是关于世界观的学说，是世界观的系统化、理论化。哲学是哲学家依据一定的自然知识、社会知识和思维知识，把不自觉的、不系统的世界观加以系统化、理论化而形成的思想体系。因此，我们既反对把哲学简单化，把零散的、不自觉的世界观当作哲学学说；也反对把哲学神秘化，认为哲学只是哲学家的事情。

学点哲学吧，让哲学入耳、入脑、入心，以免有人在你面前运用"对牛弹琴"一词。

象牙之塔

哲学的价值

　　《圣经·旧约·雅歌》第七章第四节记载，睿智富有的以色列王所罗门（Solomon）曾作诗歌1005首，其中《雅歌》都是爱情之歌。在第五首歌中，新郎是这样赞美新娘的："你的颈项如象牙之塔；你的眼目像希实本巴特那拉并门旁的水池；……"显然，这里的"象牙之塔"只是用来描述新娘美丽的颈项。

　　象牙之塔为法语 latourd'ivoire 之译。19世纪，法国诗人、文艺批评家奥古斯丁（1804—1869）批评同时代消极浪漫主义诗人维尼（1797—1863）作品中的悲观消极情绪时说，作家应从庸俗的资产阶级现实中超脱出来，进入一种主观幻想的艺术天地——象牙之塔。后来，"象牙之塔"被逐渐运用到社会生活的各方面，主要是指与世隔绝的梦幻境地，逃避现实生活的世外桃源、隐居之地。在汉语中，这个词用以比喻脱离现实生活的文艺家的小天地、大学的研究室等。

　　哲学不是"象牙之塔"，哲学是源于生活，又是指导人们生活得更好的艺术。那么，哲学究竟有何用呢？

　　有这样一则幽默：父亲要儿子去学法律，儿子不愿意，仍坚持学哲学。儿子大学毕业后，一直找不到工作。父亲便对儿子说："这下你该明白了吧，学哲学没有用！"儿子回答说："哲学教我一分为二地分析您的话。"

　　这则幽默实际上涉及的是一个我们不能回避的问题，即：为什么要学哲学？或者说学哲学有何用处？也就是哲学的价值问题。

　　法国哲学家狄德罗说："要使哲学在俗人眼中成为真正可尊重的东西，只有一种办法：就是向他指出哲学伴随着效用。俗人总是问：'这有什么用处？'决不要使自己陷于被动地不得不回答他说'毫无用处'……"尽管西方第一个哲学家泰勒斯预测来年橄榄丰收而预先低价租下榨油机而获得了较大的经济效益，用事实驳斥了人们对哲学价值的质疑，但这似乎不是哲学的胜利。泰勒斯获利与其说是得益于哲学，倒不如说是归功于天文学和经济学。尽管近代法国哲学家伏尔泰曾将写作出版书籍的稿费购买彩票和股票而大发其财，但这似乎是因为他有经济头脑，而不是哲学智慧。总之，从实际效益或实用价值的角度而言，哲学"烤不出面包"，哲学是"无用"之学。

　　既然哲学没有实用价值，那么，为什么我们还要学哲学呢？天下万事万物，既然产生，便有它的用处或价值。哲学是爱智之学，是对智慧的追求，或者说哲学是一条道路。"哲学是途径，智慧才是目标。"古希腊哲学家塞内卡如是说。因此，哲学的价值就在这对智慧的追求过程之中。正如罗素所言："哲学的价值绝大部分应该在它的极不确定性之中去追求。"哲学是无用之学，但这恰恰是它最大的用处。无用乃为大用。哲学的用处是不可见的，因为它的用处不是表现在物质世界里，而是表现在人的精神世界中，集中表现为对人的心灵的改造。当人们谈论哲学无用之时，哲学已经开始有用了。对于哲学这类更具精神价值的东西，非要找出它的实用价值，否则就不承认它的价值，这不能不说是一种悲哀。

　　我们每个人不能没有哲学头脑。我们每个人面对社会现实时，不能缺少哲学眼光，不能没有哲学思维。现代西方哲学家霍克海默曾说："哲学的社会功能首先不是研究社会问题，而是发展批判的和辩证的思维。"

话说一位哲学家来到集市上。小贩问："哲学家，你会做生意吗？""不会。"屠夫问："哲学家，你会杀猪吗？""不会。"鞋匠问："哲学家，你会修鞋吗？""不会。"有人又问："那你会什么？""我会思想。"众人大笑："思想值多少钱一斤？"哲学家说："我不能做你们所能做的事，但能思考你们所不能思考的问题。"众人又大笑，而哲学家却又在思考了。

哲学思考就是促进人类社会发展的基本方式。哲学可以陶冶人们的情操，丰富人们的生活，规范人们的行为。当人们被抛入危险的海洋时，它能帮助人们认准目标，保持正确的方向。当有人问古希腊哲学家第欧根尼："你从哲学中得到了什么？"他愉快地回答道："我至少学会了要做好准备去迎接各种命运。"我国著名哲学家冯友兰先生则说："中国哲学传统里有为学、为道的区别。为学的目的就是我所说的增加积极的知识，为道的目的就是我所说的提高心灵的境界。哲学属于为道的范畴。"

一个民族或国家须臾不可或缺哲学。一个不具备伟大思想、崇高灵魂的民族或国家，是没有希望的。恩格斯有一段名言："一个民族想要站在科学的高峰，就一刻也不能没有理论思维。"而要发展和锻炼我们的思维能力，就必须学习哲学。德国哲学家黑格尔有一段精彩的论述："一个国家没有哲学，就像一座雄伟壮观的庙中没有神像一样，空空荡荡，徒有其表，因为它没有可信仰的东西，可尊敬的东西。"在现代社会，我们不能一味地追求"经济的繁荣"，而人为地造成"哲学的贫困"。否则，只能是民族的耻辱，国家的悲哀。

　　当然，并不是所有的哲学都有价值和具有同等的价值。有的哲学并不能给人以智慧、使人聪明，而是会使人越学越糊涂。马克思主义哲学才是科学的世界观和方法论。我们在学习马克思主义哲学的同时，对于其他哲学则不能全盘否定，必须坚持"古为今用，洋为中用"的原则，批判性地吸收，创造性地发展，决不能像费尔巴哈对待黑格尔哲学那样，在"泼小孩的洗澡水时连小孩也一同泼掉"了（指费尔巴哈在批判黑格尔哲学的唯心主义时将其辩证法也一同抛弃了）。唯有如此，马克思主义哲学才能与时俱进，充满活力，马克思主义哲学才能发挥其最大的价值。

　　请允许我引用英国诗人约翰·密尔顿的一段诗作为结束语：

　　　　神圣的哲学是如此美妙
　　　　不像愚昧的村民想象的那样
　　　　刺耳又晦涩
　　　　恰似阿波罗①的琴弦弹出的乐曲
　　　　宛如那四季不断的花粉酿就的蜜糖

---

① 阿波罗为希腊神话中的太阳神。——引者注

百家争鸣

哲学是时代精神的总结和升华

　　"百家争鸣"出自《汉书·艺文志》："凡诸子百八十九家……蜂出并作，各引一端，崇其所说，以此驰说，取舍诸侯。"百家：原指先秦时代的"诸子百家"，后指各种政治、学术派别；鸣：发表见解。所谓"诸子百家"，主要有儒家、墨家、道家和法家，其次有阴阳家、杂家、名家、纵横家、兵家、小说家等。后人把小说家以外的九家，又称为"九流"。俗称"十家九流"就是从这里来的。"百家争鸣"原指春秋战国时期知识分子中不同学派的涌现及各流派争芳斗艳的局面，后指各种学术流派的自由争论、互相批评，也指不同意见的争论。

　　战国时期为什么会出现百家争鸣的思想繁荣局面呢？

　　哲学属于思想文化的范畴，文化是经济和政治的反映。一定形态的经济和政治决定一定形态的文化，一定形态的文化又反作用于一定形态的经济和政治。战国时期，"百家争鸣"景象的出现具有深刻的经济、政治以及文化自身发展的原因。

　　当时，诸侯各国为争夺霸主地位，着力促进本国经济发展。井田制崩溃，封建经济迅速发展，使得某些人成为了有闲阶层，有时间从事自己的学术活动。科学技术取得较大进步，天文学、数学、光学、声学、力学、医学等都达到了较高水平。这标志着人们认识水平提高，人的精神世界日益丰富。总之，社会生产力提高，经济和科学技术的发展，为"百家争鸣"局面的出现提供了物质基础。

战国时期是一个社会大变革的时期。周王室衰微，各诸侯国林立纷争，社会动荡不安。各种社会矛盾异常复杂，有奴隶主和奴隶之间的矛盾，有没落奴隶主阶级和新兴地主阶级的矛盾，有新兴地主和农民的矛盾，也有新兴地主阶级中不同阶层和集团之间的矛盾。由于经济地位、政治态度不同，不同阶级和阶层在是否建立新的封建制度、如何建立封建制度、如何对待各国的变法和改革等问题上，展开了激烈的论争，形成了多元化的思想流派，出现了百家争鸣、群星璀璨的思想繁荣局面。大变革时代创造了相对宽松的社会政治环境，为各阶级、各学派发表自己的意见提供了"争鸣"的客观条件。

在文化生活方面，当时"天子失官，学在四夷"，打破了"学在官府"的局面，原来由贵族垄断的文化学术向社会下层扩散，出现了"学在民间""私学勃兴""士"阶层活跃并受到重用的局面。各学术团体于政治权势是相对独立的。他们虽从不同的社会集团的利益出发，纷纷著书立说，议论时事，阐述哲理，各成一家之言；但是他们并非依附于某个政治权势集团的政治附庸，而是"用我则留，不用我则去"。此外，各个学派之间、同一学派的不同流派之间，既相互斗争又相互学习、借鉴，也是促成"百家争鸣"局面的重要因素。

战国时期的"百家争鸣"，是中国历史上第一次思想解放运动，对当时和后来社会历史的发展都产生了巨大的推动作用。它形成了中国的传统文化体系，也形成了中国思想文化兼容并蓄和宽容开放的特点，奠定了中国整个封建时代文化的基础。它再次充分说明：任何思想观念（包括哲学）都是一定社会和时代精神生活的构成部分，是一定社会和时代的经济和政治在精神上的反映。

哲学是时代精神的总结和升华，真正的哲学是自己时代的精神上的精华，这是因为真正的哲学在不同程度上反映了时代的任务和要求，把握住了时代的脉搏，总结和概括了时代的实践经验和认识成果。

伟大的哲学不但是反映和服务时代的，而且也是导引和推动时代的。哲学作为一定时代的产物，总是体现时代的特点，并受那个时代认识和实践水平的制约，因而其理论思维及其社会功能必然带有时代的特色乃至局限性。然而，哲学又是时代的开路先锋，人类文明的发展必然要在哲学中表现出来，并作为理论性的批判武器在社会变革中发挥先导作用。

德国古典哲学家黑格尔说："不论情况怎样变化，任何个人都是他所处的时代之子。所以，哲学也是思想对哲学所处时代的领悟。"哲学不能离自己的时代及自己时代的人民越来越远，而应当是越来越近。哲学一旦为广大人民大众所掌握，就会转化为巨大的物质力量，促进时代的进步和社会的和谐发展。

天翻地覆

哲学史上的伟大变革

　　"天翻地覆"源于唐朝刘商的《胡笳十八拍》："天翻地覆谁得知？如今正南看北斗。"毛泽东的《七律·人民解放军占领南京》有："虎踞龙盘今胜昔，天翻地覆慨而慷。"覆：翻过来。天翻地覆：形容变化巨大，也形容闹得很凶。

　　在哲学史上，马克思主义哲学的产生，开启了无产阶级和全人类的解放事业，实现了哲学史上的伟大变革，给哲学带来了天翻地覆的变化。

　　在马克思主义哲学产生以前，唯物主义往往受到形而上学（如德国古典哲学家费尔巴哈的哲学）的束缚，辩证法则常常被唯心主义（如德国古典哲学家黑格尔的哲学）所窒息。在古代虽然有过唯物主义和辩证法的结合，但那是朴素的、没有科学基础的结合。后来，朴素唯物主义被形而上学唯物主义所代替，朴素辩证法被唯心主义辩证法所代替，唯物主义和辩证法分离了。唯物主义和辩证法的分离，使得两者的发展都受到束缚和限制。哲学发展的内在逻辑要求克服这种分离，实现唯物主义和辩证法的有机统一。

　　马克思主义哲学第一次实现了唯物主义与辩证法的有机统一，唯物辩证的自然观与唯物辩证的历史观的有机统一。马克思主义哲学确立了科学的实践观，坚持从实际出发认识周围的世界，克服了唯物主义和辩证法的分离，第一次在科学的基础上实现了唯物主义和辩证法的有机结合。它的唯物主义是辩证的唯物主义，它的辩证法是唯物主义的辩证法。马克思主义哲学还从实践出发认识人和社会，把社会生活的本质归结为实践，提出了社会存在决定社会意识的原理，从而把唯物辩证的观点贯穿到社会历史领域，实现了唯物辩证的自然观与历史观的统一。

马克思主义哲学的直接理论来源是德国古典哲学，其中主要是黑格尔的辩证法和费尔巴哈的唯物主义。马克思主义哲学不是黑格尔辩证法和费尔巴哈唯物主义的机械相加，而是马克思和恩格斯在总结工人运动的丰富经验和自然科学最新成果的基础上，批判地吸取了黑格尔辩证法思想的合理内核和费尔巴哈唯物主义的基本内核，创立的一种崭新哲学——辩证唯物主义和历史唯物主义。

马克思主义哲学实现了实践基础上的科学性和革命性的统一。马克思主义哲学之所以是科学的，就在于它坚持科学的实践观点；就在于它的全部理论都来自实践，又经过实践的反复检验。马克思主义哲学之所以是革命的，就在于它是"改变世界"的科学，是指导人类解放的科学，是无产阶级的科学的世界观和方法论。如果说无产阶级是人类解放的心脏，那么马克思主义哲学就是人类解放的头脑。

马克思主义哲学的产生，开启了无产阶级和全人类的解放事业，实现了哲学史上的伟大变革。它是人类认识史上一次最为壮丽的日出，是人类认识发展结出的丰美硕果。自从有了马克思主义哲学，以无产阶级为代表的劳动群众便有了自己的精神武器，哲学的发展也进入了一个崭新的时代。

本原追溯

对世界本质的认识，对人与世界关系的思考和回答，是人们在实践和认识中必须解决的首要问题，是正确地认识世界和改造世界的出发点。

在人类追求智慧的过程中，出现了各种各样的哲学派别。它们在相互辩难中发展，在湍急的思想河流中曲折前行。

把握马克思主义的物质观，懂得世界的真正的统一性在于它的物质性，明确一切从实际出发、实事求是是马克思主义哲学的根本要求，是我们学好马克思主义哲学的基础。

金字塔畔的狮身人面石雕，据说是希腊神话中的斯芬克斯。在希腊神话里，这个"狮身人面"怪物，盘踞在一条通往开罗的必经之路上兴风作怪，凡遇到的人都要猜它提出的一个谜语。凡是猜不出的，都成为它的美餐。遗憾的是，当时竟没有一个人能猜得出，城堡陷入了一场空前劫难。世界的本质问题，不也是一个刁难世人的斯芬克斯之谜吗？

追本穷源

存在与思维的关系问题是哲学的基本问题

　　"追本穷源"比喻追究事情发生的根源，与"追根溯源"同义。追：追求；本：根本；穷：寻求到尽头；源：源头。追本：追究根本；穷源：探求源头。

　　在生活中，对许多扑朔迷离的现象追本穷源，往往是柳暗花明，别有洞天。在哲学上，追本穷源，必然涉及存在与思维的关系问题，也就是物质和意识的关系问题。

　　在人类追索智慧的过程中，出现了各种各样的哲学派别。它们在相互辩难中发展，在湍急的思想河流中曲折前行。

　　古希腊第一位哲学家泰勒斯因为专注于沉思，时常行不知步、食不知旨。有一次，他在路上边走边仰望天空，思考着世界的本原问题，一失足跌进了路旁的一个土坑，弄得满身泥泞。一个色雷斯女郎见了嘲笑他说："你自称能够认识天上的东西，却不知地下是什么。跌进坑里就是你的学问给你带来的好处吧！"对此，亚里士多德曾评价说："只有站得高的人，才有从高处跌进坑里去的权利和自由。"在古希腊，泰勒斯石破天惊地提出了"水是万物本原或始基"的思想，标志着希腊人已经开始抛弃宗教神话的思维方式，改用哲学的思维方式来认识世界。泰勒斯提出的这一命题，是西方哲学史上第一个哲学命题，是泰勒斯对哲学基本问题的求解。

思维和存在的关系问题，是一切哲学都不能回避、必须回答的问题。哲学要从总体上探讨人与世界的关系，就必须首先弄清思维和存在的关系问题，并对此作出明确的回答。思维和存在的关系问题，贯穿于哲学发展的始终，对这一问题的不同回答决定着各种哲学的基本性质和方向，决定着它们对其他哲学问题的回答。

思维和存在的关系问题，首先是人们在生活和实践活动中遇到和无法回避的基本问题。譬如，学生要面对并处理自己的学习计划与学习实际之间的关系，教师要面对并处理自己的教学计划和教学实际的关系，企业家要面对并处理企业的经营战略、规划和方案与企业的生产、流通、分配和消费的实际情况之间的关系，工人要面对并处理做工的方法、步骤与做工的实际之间的关系，农民要面对并处理耕作收获的计划与耕作收获的实际之间的关系，医生要面对并处理处方和病情的关系。这方方面面都涉及一个哲学问题，即思维和存在的关系问题。人类无论是认识世界还是改造世界，说到底都要解决一个共同的问题，即思维和存在的关系问题。因此，哲学的基本问题与我们的生活息息相关。

哲学基本问题包括两个方面的内容。哲学基本问题第一方面的内容是：思维和存在何者为本原的问题。对这个问题的不同回答，是划分唯物主义和唯心主义的唯一标准。凡认为存在决定思维的，就是唯物主义；凡认为思维决定存在的，就是唯心主义。各种哲学由于对这个问题的不同回答，分属于唯物主义和唯心主义两大阵营。

哲学基本问题第二方面的内容是：思维和存在有没有同一性的问题，即思维能否正确反映存在的问题。绝大多数哲学家对这个问题都作了肯定的回答，属于"可知论"。有些哲学家则否认认识世界的可能性，或者至少是否认彻底认识世界的可能性，这种观点被称为"不可知论"。

指鹿为马

唯物主义与唯心主义的对立

　　"指鹿为马"出自《史记·秦始皇本纪》：

　　秦二世的时候，丞相赵高野心勃勃，日夜盘算着要篡夺皇位。可是，朝中大臣有多少人能听任摆布，有多少人会群起攻之，他心中没底。于是，他想了一个办法，准备试一试自己的威信，同时摸清敢于反对自己的人，以便铲除异己。

　　有一天上朝时，赵高让人牵来一只鹿，满脸堆笑地对秦二世胡亥说："陛下，臣献给您一匹世上少有的千里马。"秦二世一看，笑着对赵高说："丞相搞错了，这是一只鹿，你怎么说是马呢？"赵高面不改色心不跳地说："请陛下看清楚，这的确是一匹千里马。"秦二世又看了看那只鹿，将信将疑地说："马的头上怎么会长角呢？"赵高一转身，用手指着众大臣，大声说："陛下如果不信我的话，可以问问众位大臣。"

　　大臣们都被赵高的一派胡言搞得不知所措，私下里嘀咕：这个赵高搞什么名堂？是鹿是马不是明摆着的吗！当看到赵高脸上露出阴险的笑容、两只眼睛骨碌碌地轮流盯着每个人的时候，大臣们明白了他的用意。

一些胆小又有正义感的人低下头，不敢说话，因为说假话，对不起自己的良心，说真话又怕日后被赵高所害。一些平时就紧跟赵高的奸佞之人则对皇上说："这的确是一匹千里马！"一些正直的人，则坚持认为是鹿而不是马。

事后，赵高通过各种手段把那些不顺从自己的正直大臣纷纷治罪。

在哲学史上，唯物主义和唯心主义的分歧，是围绕物质和意识谁是本原的问题展开的。唯物主义认为，物质是世界的本原，先有物质后有意识，物质决定意识；物质是本原的，意识是派生的。唯心主义认为，意识是世界的本原，物质依赖于意识，不是物质决定意识，而是意识决定物质；意识是本原的，物质是派生的。

唯心主义把意识视为世界的本原，但由于对意识有不同的理解，形成了两种基本形态：主观唯心主义和客观唯心主义。主观唯心主义把人的主观精神（如人的目的、意志、感觉、经验、心灵等）夸大为唯一的实在，认为客观事物以至整个世界都依赖于人的主观精神。客观唯心主义把客观精神（如上帝、理念、绝对精神等）看作世界的主宰和本原，认为现实的物质世界只是这些客观精神的外化和表现。

鹿和马是客观存在的两种不同的物质，这本来是一清二楚的，不以人的主观意志为转移。可是，赵高为了达到铲除异己、篡夺皇位的目的，竟不顾客观存在的事实，依仗权势，故意"指鹿为马"，颠倒是非，混淆黑白。从哲学上说，"指鹿为马"正是犯了主观唯心主义的错误。

开天辟地

世界的真正统一性在于它的物质性

　　放眼周围的世界，我们看到的是高山、河流、原野，听到的是蝉鸣、鸟叫、蛙声。"外面的世界很精彩，外面的世界很无奈。"那么，我们所生活的世界究竟是什么？世界是如何产生的呢？它有没有一个共同的本质呢？不同的人从不同的角度会作出不同的回答。

　　很久很久以前，世界乃是一片混沌，浑然一体。世界就像一个鸡蛋，人类的祖先盘古就住在蛋里。

　　一万八千年后，盘古用斧子劈开了这混沌的圆东西，从蛋里走了出来。蛋里淡淡的烟云冉冉上升，变成蓝天；混浊的沉渣逐渐凝聚，变成大地。从此，宇宙间有了天与地之分。但是，天地近在咫尺。盘古弯曲着背把天地撑开。盘古顶天立地一万八千年，终于把天撑高。天地再也不会合在一起，盘古才安然死去。

　　盘古死后，他的全身变化成为万物：左眼变成了太阳，右眼变成了月亮，头发和胡须变成了星辰，呼出的气变成了风云，吼声变成了雷霆，四肢五体变成了四极五岳，血液变成了江河，筋脉变成了道路，肌肉变成了田土，皮肤和纤毛变成了花草树木，就连汗水也变成了雨露和甘霖。总之，盘古将一切都奉献给了这个新生的世界。

盘古创造世界——这就是中国神话传说的观点。后来，人们颂扬开创伟大事业，即称"开天辟地"。

在西方，世界的产生则有另一番说法。《圣经·旧约·创世记》上说，上帝第一天创造出白天和黑夜，第二天创造出空气和水，第三天创造出各种各样的植物，第四天创造出日月星辰，第五天创造出水中的各种动物，第六天创造出地上的各种生物和人。天地万物都创造齐了，第七天上帝休息了。

上帝创造世界——这就是基督教的宗教观。

人类在长期实践过程中，不仅关注自己同周围事物的具体关系，而且将天地万物和人的起源问题作为自己智慧追索的对象。中国古代神话传说中的"盘古开天辟地"，西方基督教中的"上帝创世说"，都认为世界是由一个万能的神所创造的，这是一种客观唯心主义的宇宙观。随着具体科学的发展，各种各样的神创说也逐渐地暴露出其荒谬性。其实，宇宙间根本不存在什么上帝或诸神居住的"天国"，当然也不会有什么上帝或诸神创造天地万物的活动。

马克思主义哲学以实践和科学材料为基础，科学地回答了世界的本质问题，明确指出：自然界是客观实在的，人类社会也是客观实在的，人的思维则是客观物质对象在人脑中的反映。虽然世界上有物质现象和意识现象，但世界的本质是物质的。

"物质"一词是由希腊文"母亲"演化而来的，其基本含义是"创造者"。它是天地宇宙的根本，是万事万物存在的依据。

古希腊的第一位哲学家泰勒斯认为，世界的本原是水，大地浮于水上，没有水就没有万物。另一位古希腊哲学家赫拉克利特认为，世界是一团永恒的活火，它在一定的分寸上燃烧，在一定的分寸上熄灭。古希腊哲学家德谟克利特则认为，不可再分的物质微粒——原子和虚空是世界的本原。

近代西方哲学家笛卡儿说："地和天是由同一物质做成的，而且纵然有无数世界，它们也都是由这种物质构成的。"

恩格斯说："物、物质无非是各种物的总和，而这个概念就是从这一总和中抽象出来的。"

列宁更明确地指出："物质是标志客观实在的哲学范畴，这种客观实在是人通过感觉感知的，它不依赖于我们的感觉而存在，为我们的感觉所复写、摄影、反映。"

总之，物质是不依赖于人的意识，并能为人的意识所反映的客观实在。辩证唯物主义的物质概念，概括了宇宙间一切客观存在着的事物和现象的共同本质，而不是指某一种具体的物质形态。只有牢牢掌握了这一点，我们才能进一步领悟：无论是天地自然，还是从大自然中孕育而来的人类社会，它们在本质上都是物质的。世界上有物质和意识两类现象，但世界的本质是物质的，世界的真正统一性在于它的物质性。

物质的唯一特性是客观实在性。"客观实在性"是物质的本质属性。这个本质属性是在物质和意识的对立中规定的，是相对人的意识、精神而言的。客观实在性是从总体上泛指人们意识之外的客观实在，这是可感知的物质东西的共性，是说物质具有绝对的、不变的特性。物质与意识相比较，只有"客观实在性"这个唯一的特性。

按图索骥

从本本出发是主观唯心主义的表现

　　春秋时候，秦国有个叫孙阳的人擅长相马，无论什么样的马，他一眼就能分出优劣。由于传说中的伯乐是执管天上马匹的神，所以人们都称他为"伯乐"。

　　有一次，孙阳路过一个地方，看见一匹拖着盐车的老马冲他叫个不停，走近一看，原来是匹千里马，只是年龄稍大了点。老马拉着车艰难地走着，孙阳觉得太委屈了这匹千里马，它本是可以奔跑于疆场的宝马，现在却默默无闻地拖着盐车，慢慢地消耗着它的锐气和体力，实在可惜！孙阳想到这里，难过得落下了泪。为了让更多的人学会相马，使千里马不再被埋没，孙阳总结自己多年积累的相马经验写成了一本书，配上各种马的形态图，书名为《相马经》。

　　孙阳有个儿子，看了父亲写的《相马经》，认为相马很容易，就拿着这本书到处相马。《相马经》上说："千里马额头隆起，双眼突出，蹄如垒起的酒曲饼。"他按书中所写的千里马的特征去找，最后发现一只癞蛤蟆很像书中写的千里马的特征，便高兴地把癞蛤蟆用纸包起来带回家，兴冲冲地对父亲说："爸爸，我找到一匹千里马，只是蹄子稍差些，不像垒起的酒曲饼。"孙阳哭笑不得，回应儿子道："这'马'太喜欢跳，你可驾驭不了啊！"

　　这个故事出自明朝杨慎的《艺林伐山》。索：寻找；骥：马。成语"按图索骥"，比喻办事机械死板，不知变通。《相马经》是伯乐一生"相马"的丰富经验的总结，是被实践证明了的正确理论。作为伯乐之子，子承父业，继承父亲相马的专业技能，具有得天独厚的条件。问题在于：伯乐之子从主观出发，即从本本出发，而不是从实际出发，将癞蛤蟆当成了千里马，从而贻笑大方。

　　辩证唯物主义认为，物质决定意识，意识是物质的反映，意识对物质具有能动作用。人们要正确地认识世界和有效地改造世界，就必须正确处理主观与客观的关系。从主观因素来讲，关键就在于想问题、办事情要坚持一切从实际出发，使主观与客观相符合，使自己的思想和行为适应不断变化的客观实际情况。

　　唯心主义认为意识决定物质，意识是本原的，物质是派生的。作为唯心主义哲学的主观唯心主义则把人的主观精神（如人的目的、意志、感觉、经验、心灵等）夸大为唯一的实在，视为本原，认为客观事物以至整个世界都依赖于人的主观精神。

　　在实际工作中，主观主义有两种表现，一是教条主义、本本主义，一是经验主义。两者的错误都是主观认识脱离当时当地的客观实际，因而也就做不好工作。从哲学的角度而言，"按图索骥"是典型的主观唯心主义的表现，是典型的教条主义、本本主义。《相马经》所阐述的理论当然要认真学习，伯乐"相马"的技能当然要继承，但是，"相马"必须从客观实际出发，而不能从本本出发。

水中捞月

意识是客观存在的主观映象

一群猴子在林子里玩耍。有的在树上蹦蹦跳跳，有的在地上打打闹闹，好不快活。一只小猴独自跑到林子旁边的井旁，趴在井沿，往井里一伸脖子，大叫了起来："不得了啦，不得了啦！月亮掉到井里去了！"原来，小猴看到井里有一个月亮。

小猴的叫声惊动了猴群，猴王带着一大群猴子都朝井边跑来。当它们看到井里的月亮时，都一起惊叫起来："哎呀，完了！月亮掉到井里去了！"猴子们叽叽喳喳地叫着、闹着。最后，猴王说："大家别嚷嚷了，我们快想办法把月亮捞上来吧！"

旁边的猴子问道："大王！怎么个捞法呢？"

猴王想一想，说："有了！就这样吧，我吊在树干上，然后你们一只接一只，抓住前一只的尾巴，就这样挂成一长条，最后一只伸手到井里，就可以把月亮捞上来了。"猴王这么一指示，猴群立刻照着做。

猴王率先跳到井旁边的一棵老槐树上，头朝下倒挂在树上，其他的猴子一只接着一只，抓着尾巴，一直连接到井里来捞月亮。小猴子体轻，挂在最下边，它将手伸到井水中，对着明晃晃的月亮一把抓起，可是除了抓住几滴水珠外，怎么也抓不到月亮。小猴就这样不停地抓呀，捞呀，折腾了老半天，依然捞不着月亮。

倒挂了半天的猴子们觉得很累，都有点支持不住了。有的开始埋怨说："快些捞呀，怎么还没捞起来呢？"有的叫着："妈呀，我挂不住啦！挂不住啦！"

猴王渐渐腰酸腿疼，猛一抬头，忽然发现月亮依然在天上，于是大声说："不用捞了，不用捞了，月亮还在天上呢！"

众猴都抬头朝天上看，月亮果真好端端地在天上呢！

众猴不了解"水中之月"的真相，以假当真，空忙一气，既愚蠢又可笑。

如果我们将"天上之月"与"水中之月"比作物质与意识的关系的话，那么，猴子之所以闹出"水中捞月"的笑话，是因为它们不懂得"意识是客观存在的主观映象"的哲理。

辩证唯物主义认为，物质决定意识，意识是物质的反映。人类要形成意识，不仅需要人脑，还必须有被反映的客观存在。如果说人脑是生成意识的厂房和机器，那么，意识的反映对象——客观存在就是生成意识的原材料。不管是正确的意识还是错误的意识，都是人脑对客观存在的反映，都是客观存在通过生活和实践的环节进入人脑并在人脑中加工改造的结果。因此，从意识的内容看，意识是客观存在的主观映象。离开了客观存在，意识既不能产生，也不能发展。"水中之月"是"天上之月"的"影像"或反映，没有"天上之月"，自然也就没有"水中之月"。

从意识的生理基础看，意识是高度发达的物质系统——人脑——的机能。人脑是高度发达的物质系统，是意识活动的物质器官，是产生意识的生理基础。现代脑科学研究成果证明，没有高度发达的神经生理系统——人脑，就不可能有人类意识的产生。

现代科学证实，人脑约有1000亿个神经细胞，仅大脑皮层就有140亿个神经细胞。一个人大脑中的神经细胞所构成的神经网络，其复杂程度远远超过北美洲的全部电报、电话等通信网络。人脑与其他高等动物的脑存在着质和量的区别。现代人脑重约1500克，大致相当于体重的五十分之一；黑猩猩的脑重不足400克，大致相当于体重的一百五十分之一；大猩猩脑重约540克，大致相当于体重的五百分之一。动物的脑在机能上不可能达到人脑的水平。意识是人脑特有的机能，猴子不可能产生意识，也就无法认识"水中之月"与"天上之月"的关系，自然就会闹出"水中捞月"的笑话。

惊弓之鸟

人类能够能动地认识世界

　　战国时期，魏国有一位远近闻名的射箭能手，名叫更嬴（léi）。他的射箭技术十分高超。

　　有一天，更嬴跟魏王到郊外去打猎。一只大雁从远处慢慢地飞来，边飞边鸣。更嬴指着大雁对魏王说："大王，我不用箭，只要拉一下弓，这只大雁就能掉下来。"

　　"是吗？"魏王将信将疑地问道，"你的射箭技术可以高超到这样的地步吗？"

　　更嬴一本正经地说："请让我试一下。"

　　更嬴从身后取下长弓，并不取箭，当那只大雁飞到他的上空时，他左手拿弓，右手拉弦，只听得"嘣"的一声响，那只大雁听到凌厉的响声，吓得直往上飞，但拍了两下翅膀，便从天空中掉了下来。

　　"啊！"魏王看了，顿时傻了眼，惊奇地说，"你真有这样的本事！"

　　更嬴放下弓，笑了笑，说："大王，这不是我的本事大，是因为这是一只受伤的鸟。"

　　魏王更加奇怪了，不等更嬴说完就问："大雁在天上飞，你是怎么知道的？"

更赢微笑着对魏王说："这只鸟飞得慢，而且叫声悲哀。飞得慢，是因为它受过伤，伤口没有愈合，还在作痛；叫声悲哀，是因为它离开同伴，孤单失群。它猛听到弓弦凌厉的声音，心里特别害怕，就拼命往高处飞。它一使劲，旧创迸裂，自然就掉了下来。"

"惊弓之鸟"这个成语由此而来。它用来比喻受过惊吓的人心有余悸，只要遇到一点儿意外，就会惊慌失措。

在这则成语典故中，更赢对"惊弓之鸟"的正确认识，是其意识能动性的表现。

人的意识具有能动性，人类能够能动地认识世界。意识是客观事物在人脑中的反映。客观事物在人的实践活动中作用于人脑，人们在实践中以不同的形式反映客观事物，成为不同的意识现象。

面对同一个客观事物，人们在头脑中往往会形成不同的反映，其中最主要的差别就是如实反映和歪曲反映。如实地反映客观事物的本来面目（包括状态、性质、变化规律等）的意识，我们称之为正确的意识；歪曲地反映客观事物的本来面目的意识，我们称之为错误的意识。这二者的区别不在于对客观事物是否作出反映，而在于对客观事物作出不同性质的反映。无论是正确的意识，还是错误的意识，都是客观事物在人脑中的反映。更赢通过这只鸟"飞得慢""叫声悲哀"而断定它是一只受伤的鸟，就是对客观事物的一种如实反映，是一种正确的意识。

人的自觉能动性，又叫人的主观能动性，是人类特有的能力与活动。人类认识世界的能力以及人们在社会实践的基础上能动地认识世界的活动，突出地表现为我们通常说的"想"，"想"是人的主观能动性的表现之一。人类积极地能动地认识世界的能力活动，首先表现在人在实践的基础上不仅能认识事物的外部现象，而且能认识事物的本质和规律。事物的本质与规律隐藏于现象之中，人们只有充分发挥主观能动性，运用抽象思维能力，才能透过事物的现象揭示事物的本质与规律，从而正确地指导人们的行动。这只鸟"飞得慢""叫声悲哀"，就是现象，更赢通过这些现象而断定它是一只受伤的鸟，就是运用其抽象思维能力，透过现象揭示事物的本质。

人的主观能动性虽然是人区别于物的特点，但不等于说主观能动性是人生来就有的。在社会生活中，人的主观能动性是随着实践与学习的积累而不断增强的。人积累起来的主观因素越正确，越有广度和深度，就越有利于进一步正确地发挥主观能动性。因此，我们必须深入实践，努力学习，积累知识，提高能力。更赢之所以能对"惊弓之鸟"作出正确认识，与其思维能力和方法的正确性密切相关，与其善于总结多年的狩猎经验密切相关。

曲突徙薪

意识具有主动创造性和自觉选择性

　　有个人到朋友家去做客，见主人家的烟囱是直的，灶旁又堆了不少柴薪，觉得这样很危险，便向主人建议说："你这烟囱应该改成弯曲的，柴薪应该搬到远处去。不然的话，容易发生火灾。"主人听了不以为然，心想："今天我的新房竣工，这人尽说些不吉利的话，真没礼貌！"

　　过了不久，主人家果然失火了，亏得邻居及时赶来，奋力扑救，把火扑灭，才没有造成更大的损失。

　　事后，主人杀牛摆酒，宴请前来救火的邻居。主人特地请那些被火烧得焦头烂额的人坐在上席，其他人按照出力大小依次入座，唯独没有邀请那位提出忠告的人。

　　席间，有一个人对主人说："当初如果你听从别人的忠告，改砌烟囱，搬走柴薪，就不会失火，也就不必破费摆设酒席了。今天，你论功行赏，当初劝你'曲突徙薪'的人没有受到邀请，而被火烧得焦头烂额的人却成了座上宾，真是很奇怪的事呢！"

　　主人听了这番话，恍然大悟，马上把那位提出忠告的人请了来，并奉为上宾。

这则故事记载于《汉书·霍光传》，"曲突徙（xǐ）薪"，就是来自这个典故。曲：弯；突：烟囱；徙：迁移；薪：柴草。曲突徙薪，即把烟囱改砌成弯曲的，把灶旁的柴薪搬到远处去。比喻只有事先采取措施，才能防止灾祸。这个故事告诉我们，要善于听取别人的意见，对可能发生的事故应未雨绸缪，事先采取措施，防患于未然。同时，要知错就改，知恩图报。

这个成语典故还揭示了一个哲理：人的意识具有能动性，人类能够能动地认识世界，人的意识具有主动创造性和自觉选择性。

意识是客观存在在人脑中的反映。意识对客观世界的反映不是机械的、呆板的，而是主动的、有选择的。意识不仅能反映事物的外部现象，而且能够把握事物的本质和规律。这个提出"曲突徙薪"建议的人，就是在观察到"烟囱直，灶旁还堆有柴薪"这些现象的基础上，认识到容易发生火灾的本质。

人的意识不仅能够"复制"当前的对象，而且能够追溯过去，推测未来，能够创造一个理想的或幻想的世界。人们之所以敬佩那个提出"曲突徙薪"建议的人，就在于他能够明察秋毫，洞察事物的本质，具有远见卓识，能预见到事物变化发展的未来。"人无远虑，必有近忧。"很多事情在发生之前，人们往往不能及时预见其结果，或者能够预见却没有引起足够重视。一旦事情发生，虽然补救为时已晚，可补救的人往往会被视为功臣；而善于预见并严于防范、避免危险发生的人，常常早已为人们所忘记。其实，能防患于未然，更胜于治乱于已成。

意识活动的主动性和创造性，是人能够认识世界的重要条件。作为人体感官的眼睛，使我们看到了世界呈现给我们的样子，那青山绿水、姹紫嫣红，那浩渺烟波、重峦叠嶂，等等。透过人类意识这个"思维的眼睛"，我们能够揭示深藏于事物内部的本质和规律。有了"思维的眼睛"，人类就可以逐步解开自然之谜和社会历史之谜。世界上只有尚未认识之物，而没有不可认识之物。让我们充分发挥我们的聪明才智，去解答一个又一个"斯芬克斯之谜"！

望梅止渴

高昂的精神可以催人向上，使人奋进

　　"望梅止渴"的典故出自南宋朝刘义庆的《世说新语·假谲》："魏武行役失汲道，军皆渴，乃令曰：'前有大梅林，饶子，甘酸可以解渴。'士卒闻之，口皆出水，乘此得及前源。"

　　东汉末年，著名的政治家、军事家曹操率领部队去讨伐张绣。时值盛夏，天上一丝云彩也没有，太阳火辣辣地挂在空中，散发着巨大的热量，大地都快要被烤焦了。曹操的军队经过数天的行军，十分疲乏。这一路上都是荒山秃岭，没有人烟，方圆数十里也没有水源。头顶烈日，士兵一个个被晒得头昏眼花，大汗淋漓，口干舌燥，喉咙里好像着了火一样。每走几里路，就有人中暑倒下，就是身体强壮的士兵，也快支持不住了。

　　曹操目睹这种情形，心里非常焦急。他在心里盘算道：这一下可糟了，找不到水源，这么耗下去，不仅会贻误战机，而且不少人马会损失在这里。他立刻叫来向导，悄悄问道："这附近可有水源？"向导摇摇头说："泉水在山谷的那一边，绕道过去还有很远的路程。"曹操说："不行，时间来不及。"他看了看前边的树林，想了又想，突然灵机一动，脑袋里蹦出了一个好点子，于是对向导说："你什么也别说，我来想办法。"

曹操一夹马鞍，快速赶到队伍前面，用马鞭指着前方说："士兵们，前面不远的地方有一大片梅林，那里的梅子又大又酸又甜，我们快点赶路，绕过这个山丘就可以吃梅子解渴了！"士兵们听了曹操的话，想起梅子的酸味，就好像真的吃到了梅子一样，口里顿时生出了不少唾液，精神也振作起来，鼓足劲向前赶去。

"望梅止渴"的原意是梅子酸，人一想到吃梅子就会分泌唾液，因而止渴，后来常用来比喻用想象来满足自己或他人的愿望。

现在，安徽含山县梅山北麓乌龟坡石壁上还留有前人所刻的"曹操行军至此望梅止渴"十个大字。唐朝诗人罗隐曾专门为"望梅止渴"写了一首赞诗："天赐胭脂一抹腮，盘中磊落笛中哀。虽然未得和羹便，曾与将军止渴来。"宋代王安石来梅山游览时也写有一首诗，其中两句是："将军马上设良谋，遥望青山指梅树。"明人戴重写有《梅山梅花》诗："千里吴江春水深，许君饮马望江浔。空山花树无人迹，枉被曹瞒指到今。"梅子富含有机酸，味道极酸，能促进唾液腺的分泌，中医谓之"酸能生津"。即使还没有吃到它，只要提到梅之名，联想到梅之酸，唾液就开始分泌了，这是人体的条件反射所致，所以能达到"望梅止渴"的效果。

《世说新语》将"望梅止渴"的典故录入"假谲"类，原意是想说明曹操言行的狡诈，我们今天似乎可以从多个角度来理解：望梅止渴，无疑具有积极的心理激励作用。如果曹操不是急中生智编出这个"善意的谎言"，那么，整支队伍就会陷入缺水的心理恐慌而崩溃。可见，在某些特定的时刻，"善意的谎言"不仅是必须的，而且还会带来意想不到的积极效果。

　　在电影《上甘岭》中，可爱的连长也成功地演绎过一回现代版的"望梅止渴"。电影中有这样一个情节：在坑道里严重缺水的危机情况下，连长给战士们讲述了一个"梅子"的故事，引得战士们一个个都在吞口水，早没了舌干口渴的感觉。

　　"望梅止渴"的故事看似简单，其实包含着一个非常有趣而又十分常见的心理现象——联觉。联觉是指由一种感觉引起另一种感觉的心理活动。望梅止渴，就是由听觉引起了味觉刺激。由此可见，这里的"梅"是一个抽象出来的语言文字，由"望梅"到"止渴"是我们人类特有的一种条件反射。反射是动物的基本生理反应之一，它遵循"刺激→感受器→传导神经→中枢→传导神经→效应器→反应"这一模式。

　　意识活动是通过人脑对外界刺激的一系列反射活动实现的。反射分为无条件反射和条件反射。无条件反射是动物由遗传获得的本能。条件反射有两种：一种是由于具体事物的刺激而引起的反射，叫做第一信号系统，这是人和动物所共有的；一种是在语言刺激下产生的反射，叫做第二信号系统，这是人所特有的。意识就是在第一和第二信号系统基础上的复杂的神经反射活动，是人脑所特有的功能。人脑除了能对直接的实物刺激引起反射活动，还能对间接的语言文字的刺激引起反射活动。"望梅止渴"的故事正是利用抽象的语言刺激引起将士的反射活动。

　　为什么这些士兵一听到梅子就分泌出唾液来呢？这是因为这些士兵由梅子想到酸，酸使他们嘴里流出唾液，曹操利用梅与酸的联系，使手下士兵顿时振作起来。这是一则古代军事家用"联系"的思想指导打仗，充分发挥联想作用的成功案例。"望梅"与"止渴"两者有其内在联系，因而会导致联想。联想，就是由一件事物而想到另一件事物的过程，联想到的事物是储存在记忆里的事物。这种思维方式，把所见到的实实在在的事物与未曾出现的、所想到的事物巧妙地联系起来，从甲联想到乙，但甲乙之间要有一定的联系。联想不能脱离具体事物，具体事物是联想的基础，脱离具体事物的所谓"联想"是空想、妄想。联想一定要来自现实生活，只有认真观察生活、体验生活，联想才会丰富多彩、真切自然。联想不可故弄玄虚，违反生活本身的客观规律。

意识不仅是客观存在的反映，而且对客观事物的发展具有能动作用。一个人心理情绪上的任何变化，往往都会引起生理上的变化。"望梅止渴"就是通过语言暗示，引起人的心理变化，给人们以希望和憧憬，从而使人产生生理反应。希望永远是引人向往、追求的动力，憧憬能给予人战胜困难的精神和勇气。曹操正是利用士兵们的希望和憧憬心理，以那片子虚乌有的梅林，唤起了一支军队的生命激情，鼓舞他们渡过"山重水复"，走向"柳暗花明"。

四面楚歌

萎靡的精神可能使人消沉，丧失斗志

公元前203年，西楚霸王项羽与汉王刘邦之间的楚汉之争进入最后阶段。当时，刘邦的大将韩信率主力攻占了齐国。汉军经过一年休整，人强马壮，决定与项羽进行最后的决战。

项羽和刘邦原来约定以鸿沟（今河南省境内的贾鲁河）为界，互不侵犯。后来，刘邦听从张良和陈平的规劝，觉得应该趁项羽衰弱的时候消灭他，就又和韩信、彭越、刘贾会合兵力追击正在向东开往彭城（今江苏徐州）的项羽部队。

公元前202年12月，三十万汉军把楚军紧紧围在垓下（今安徽灵璧县东南）。这时，楚军虽已处于劣势，兵少粮尽，但还有十万军队，刘邦并不能一下子把楚军消灭。

一天夜里，项羽突然听到军营外歌声四起，歌声凄凉悲切。仔细一听，原来是自己家乡楚地的民歌。歌声是从刘邦的军营里传来的，项羽不禁非常吃惊："刘邦已经得到楚地了吗？为什么他的部队里有这么多楚人呢？"

项羽深感大势已去，焦虑万分，命人在营帐中摆酒，痛饮解愁。败局已定，项羽最留恋的是他宠爱的美人虞姬和那匹骑了五年的乌骓马。想到这里，他再也忍不住了，一边饮酒，一边悲哀激昂地唱道："力拔山兮气盖世，时不利兮骓不逝。骓不逝兮可奈何？虞兮虞兮奈若何！"这首歌的意思是："我的力气拔得起一座山，勇气盖世无双。时运不利，乌骓马不肯前进。马儿不跑，该怎么办？虞姬呀虞姬，你可怎么办？"项羽一连唱了几遍，又让虞姬舞着剑跟着一块儿唱。他唱得热泪盈眶，在旁的随从人员也跟着哭泣，谁也不忍心观看这悲惨的景象。

项羽军中不少人是楚地的将士，这时听到家乡的民歌，有的情不自禁地跟着低唱，有的被歌声感动得热泪盈眶。这熟悉的歌声引起了将士们的思乡之情，哪里还想打仗。一时间，楚军人心涣散，将士们纷纷趁夜色逃亡，十万人逃得只剩下几百人。

当天夜里，项羽率领剩下的八百子弟兵，拼死突围至乌江边。这时，项羽身边只剩下二十八名骑兵，而追来的汉军有好几千人。项羽走投无路，想到失败的局面已无法挽回，自己"无颜见江东父老"，便在乌江边拔剑自刎了。

其实，当夜的"四面楚歌"是汉军大将韩信采纳张良的计谋，组织自己军队的士兵唱那些感伤的楚地民歌，以扰乱项羽部队的军心，使其丧失斗志。

"四面楚歌"出自西汉史学家司马迁《史记·项羽本纪》："项王军壁垓下，兵少食尽，汉军及诸侯兵围之数重。夜闻汉军四面皆楚歌，项王乃大惊，曰："汉皆已得楚乎？是何楚人之多也。""楚"是古国名，地域包括现在的湖北、湖南等地。楚歌：楚国人的歌声。"四面楚歌"字面上是四面八方全是楚地的歌声，比喻陷入四面受敌、孤立无援的境地。后来，"四面楚歌"用来形容人们遭受各方面攻击或逼迫而陷入孤立窘迫的境地。凡是陷入此种境地者，其命运往往是悲惨的。在我们的人生历程上，在我们的日常生活中，应好好地做人，脚踏实地做事，若是行差踏错，就会众叛亲离，陷入"四面楚歌"的境地。

精神不是万能的，但人没有精神是万万不能的。精神对人的心理和行为具有极大的影响作用。"四面楚歌"是韩信破楚之战中最成功、最杰出的谋略之一。他灵活地运用"楚歌"攻心，从精神上瓦解敌人的斗志，达到了兵不血刃而大获全胜的目的。从哲学上说，"四面楚歌"正是意识能动作用的灵活运用与充分体现。

辩证唯物主义认为，物质决定意识，意识对物质具有能动作用。意识的能动作用既表现在人们能够能动地认识世界，又表现在人们能够能动地改造世界。

意识活动具有目的性、计划性、主动创造性和自觉选择性。人们在反映客观世界的时候，总是抱有一定的目的和动机，在实施行动之前还要预先制定蓝图、目标、行动方式和行动步骤等。韩信创造性地运用"四面楚歌"的谋略，目的明确，计划周密，最终达到了涣散楚军士气，使其丧失战斗力的目的。

在日常生活中，面对困难、挫折乃至不幸，有志者奋斗，无志者沉沦。这"志"就是精神、意识，是成长、成功的必备要素。

让我们重视精神、意识的能动作用，树立凌云壮志，激励我们不断向上、奋进，去夺取一个又一个的胜利！

人定胜天

正确认识和把握意识的能动作用

你知道那位勇敢的老人吗？他以打鱼为生，可是近来时运不佳，已经84天没有打到鱼了。原先跟他学打鱼的一个小男孩也离开了他。但他从不气馁，孤军奋战，天天出海，而且一天比一天远。

第85天，凌晨，他又在黑暗中出海了。中午时分，他终于意外地钓上了一条大鱼。这条鱼很大，剧烈地反抗着，但他却顽强地拼搏着，与大鱼搏斗了两天两夜。在这两天里，只能靠钓上来的小海鱼充饥，直到第三天，他才杀死了大鱼，开始返航。

可不幸的是，他遭到了鲨鱼的袭击，差点送了命。但他很快意识到，一个人生来就具备不被打败的意志，你可以尽一切能力消灭他，却无法打败他。"鲨鱼虽然残恶强壮，但我比它聪明。"于是，在以后几天的航行中，老人虽然没有看到过一条船，甚至一只小鸟，而且紧接着又来了两条鲨鱼，但老人依然与鲨鱼进行着生死鏖战，直到最后看到了城市的灯光。此时，水面下发亮的鱼肉已被撕成一块一块的。

深夜，老人驶进港湾，系好小船，回到了自己的茅棚，倒在床上便睡着了。而茅棚外，许多渔民围着老人的船，丈量那条只剩下头和骨架的大鱼，并热烈地谈论着。

这就是"老人与海"的故事。它告诉我们：人的意志是不可战胜的，无论在多么艰苦的环境中，只要不向厄运和困难低头，就不会被外界的强力征服。这则故事也许是"人定胜天"的最好诠释。

在电影《太阳倒数》里，金田船长说："人和自然的抗衡也许到最后输的还是我们，但只要我们努力过，奋斗过，人一定会有胜利的一日。"这也许就是"人定胜天"的最佳概括。

然而，近年来，一场对"人定胜天"的质疑和挞伐席卷而来，报刊、网络等媒体讨论热烈。

● 有学者在《对"人定胜天"的历史反思》一文中写道："人定胜天"是一个貌似英勇的口号，人们缺乏科学的精神、先进的技术和有效的组织，实际上把大自然当作敌人一样的长期斗争的对象，陶醉于虚假的"胜利"之中，狂热地犯下了不可挽回的错误。

● 《后患无穷的"人定胜天"》，这是一篇通讯报道的标题。该通讯说，中央人民广播电台"穿越三北风沙源"采访报道组在追风逐沙的日子里，听到最多的议论是：再不要一味地唱"人定胜天"的高调了。这将严重阻碍和影响我国防沙治沙工作的进程，不断加剧西部地区沙尘暴频发的势头。"'人定胜天'，信奉的开始，便是有朝一日必须要向大自然忏悔的开端。"这是该通讯的结束语。

"人定胜天"典出《逸周书·文传》："兵强胜人，人强胜天。"我国古代哲学家荀子最早提出了"制天命而用之"的"人定胜天"的思想。

对于"人定胜天"的含义，我们应这样来理解："人定胜天"中的"人"即"人类"，"天"即"自然"，"定"不能望文生义地理解为"必定""一定"。"人定胜天"这个成语的正确断读，应是"人定／胜／天"，而不是"人／定／胜／天"。宋朝的刘过《龙洲集·襄阳歌》中有："人定兮胜天，半壁久无胡日月。""人定"是一个词，是句中的主语。有的词典用"人谋、人众、人强"来解释"人定"。《辞海》（上海辞书出版社，1999年版）的解释是："人定，犹言人谋。谓人的意志和力量可以战胜自然。"但是，从最基本的含义看，"定"应为"安定"。"人安定"，意味着众人和顺协调，因而能够充分地发挥强大的潜能和力量；"天安定"，意味着大自然风调雨顺，因而同样能够充分地发挥强大的潜能和力量。而人类心灵的安定，是最高境界的安定。正因如此，人有可能胜过天，天也有可能胜过人。如果把"人定胜天"和"天定胜人"中的"定"解释为"安定"，也许更符合事物的辩证关系。在此意义上，"人定胜天"可以理解为"人心之安定（定力），比上苍赋予的一切更重要"。

至于"人定胜天"中的"胜"，几乎所有的词典都把它解释为"战胜"。其实，"胜"应解释为"胜于、胜过"。《中国古代名句辞典》（上海辞书出版社，1986年版）解释道："人胜天：人力胜过天力。"这里解释"胜"用的就是"胜过"。

因此，"人定胜天"的本义并无"人类一定能够战胜自然"的意思，而是指在一定的条件下，"人谋"（心地端正、安定）胜过于"天命"（自然因素）。不过，在从古至今的历史纵线上，词语的用法往往有所发展。"人定胜天"的现代通常用法，是强调人的主观能动作用，激励人们凭借自己的力量去改造自然。

从哲学的角度来看，我们应当这样来理解"人定胜天"：

第一，人的意识具有能动性，人不仅能认识自然的本质和规律，而且能够利用自然和改造自然，为人类谋福利。从这个意义上而言，"人定胜天"即人力胜于自然，人可以发挥主观能动性，认识、利用和改造自然。这是对人类智慧和力量的肯定与赞美，是应当肯定的。从"人"的整体即"人类"而言，其意志和力量是无限的。人是自然的主人，只有目前未被人类所认识和战胜的事物，而不存在不能为人类所认识和战胜的事物。"人定胜天"反映了一种积极向上的思想情绪，具有合理性。

第二，"人定胜天"并不意味着每一代人、每一个人都能胜过自然。每一代人和每一个人的力量是有限的，客观社会历史条件对人的主观能动性存在着制约作用，我们必须量力而行。从此意义上而言，人不一定能胜过于天。但这并非主张面对自然时个人应坐享其成或坐以待毙。

第三，人的生命力的确很伟大，但是，与孕育人类的自然相比，人类永远只能孕育于自然之中。无论是"个人"也好，还是"一代人"乃至"人类"也罢，要"胜过于天"也是有条件的，首要的一个前提条件就是承认自然的客观实在性，承认自然规律的客观性，按自然规律办事。唯有如此，方能"胜天"，否则，不仅不能"胜天"，而且还会遭到"天"的惩罚。超越自然规律而强调"人定胜天"，只是豪言壮语，也许更是饮鸩止渴。这已经为无数事实所证明。对于"人定胜天"，我们应进行辩证的具体的分析。如果片面理解"人定胜天"，就会夸大人对自然的作用而藐视自然存在的客观规律，就会只强调人与自然的矛盾和斗争而忽略人与自然的和谐统一，就会只看到改造自然的成就而完全无视破坏自然的恶果。人类每一个破坏自然的行为，都是一次为自己挖掘坟墓的活动。

第四，人的安定，胜过老天的风调雨顺。大自然是人类的母亲，人类要孝敬她，归顺她。在大自然中，我们的心灵会变得简单、清净。"人定胜天"不是可以任意破坏自然，而是在适应人类发展的需要改造自然的同时，科学地保护自然，求得人和自然的和谐发展。我们应当坚持"天人和谐"的可持续发展观。一方面，要重视人的因素，挖掘人类的聪明才智，促进人类文明的不断发展，使人类的认知更符合自然变化发展的需要；另一方面，要走科学发展之路，保持人与自然的和谐发展，绝不能以牺牲自然和环境为代价，竭泽而渔，换取短暂、表面的繁华。在此意义上，单纯地强调"人定胜天"是不科学的。只有"天人和谐"的可持续发展观，才符合人与自然和谐相处的思想，才能指导我们建设人与自然和谐相处的生态文明。

中国传统文化的一个重要特征就是强调"天人合一"，其核心是把人类看作自然界的一个和谐的组成部分，强调人与自然的和谐统一，而不是两者的排斥对立。虽说人乃万物之灵，但人类与其他生物一样，都是由大地母亲哺育，靠阳光雨露滋润，才获得生命和生存条件的。因此，只谈"征服自然""人定胜天"，为所欲为，就有破坏环境并最终遭受自然惩罚的危险。"天人合一"和"人定胜天"都应当肯定。

刻舟求剑

绝对运动与相对静止的辩证统一

　　有一次，一个楚国人坐船过江。船到江心时，他一不小心，把随身带着的宝剑掉到了水里。船上的人十分惋惜地说："你的剑掉进水里了！"

　　这个楚国人对此毫不在意，从行李中掏出一把小刀，在船舷上刻了个记号，然后不慌不忙地说："这是剑掉下去的地方。"众人见了，疑惑不解。

　　有人催促他说："你快下水去捞剑呀！"

　　楚国人说："慌什么，我有记号呢！"

　　船继续前行，又有人催促他说："再不下去找剑，这船越走越远，当心找不回来了。"

　　楚国人依旧自信地说："不用急，不用急，记号刻在那儿呢，等船靠岸后再说吧！"

　　船靠岸以后，这个楚国人才顺着他刻有记号的地方下水去打捞宝剑。船上的人纷纷大笑起来，说："船一直在走，而宝剑掉到了水中就不会再移动。等到船行至岸边，船舷上的记号与水中宝剑的位置早已对不上号了。你在这里怎么能找得到宝剑呢？真是太糊涂了！"

这则故事是对形而上学的一个尖刻讽刺。客观事物时时刻刻都是运动、变化和发展的。如果用静止的眼光去看待不断变化着的客观事物，必然坠入形而上学的泥潭。

形而上学主张用静止的观点看问题，认为世界上的万事万物都是静止不动、永远不变的；如果说有变化，也只是数量的增减或场所的变更，不会有质的变化，不会有旧事物的灭亡和新事物的产生。

与形而上学相反，唯物辩证法主张用发展的观点看问题，认为世界上的一切事物都处在运动变化中，没有不运动的物质，因而运动是无条件的、永恒的和绝对的。但是，就物质的具体存在方式来说，它又有静止的一面。唯物辩证法所讲的静止，是运动的一种特殊状态。它主要有两方面的含义：一是说事物在它发展的一定阶段和一定时期，其根本性质没有发生变化；二是说物体相对于某一参照系来说没有发生某种运动，或者说物体在一定条件和范围内没有进行某种特殊的运动。因此，静止是有条件的、暂时的和相对的。

马克思主义哲学在确认运动绝对性的同时，也肯定相对静止的存在。任何事物的存在和发展都是绝对运动和相对静止的辩证统一。运动是无条件的、永恒的，因而是绝对的，静止则是有条件的、暂时的，因而是相对的。在相对静止中总是包含着绝对运动，在绝对运动中也有相对静止。这就是静中有动，动中有静。只承认静止而否认运动，是形而上学的不变论；只承认绝对运动而否认相对静止，则会导致相对主义和诡辩论。

在"刻舟求剑"这则寓言故事中，"刻舟求剑"者坚持的是否认运动的形而上学的不变论，他否认了事物运动的绝对性，看不到事物的运动、变化和发展，用静止的观点来认识和处理问题，从反面给了我们深刻的警示。

世界上的一切事物都是运动的，运动是指宇宙中发生的一切变化和过程，运动是物质固有的属性和存在方式。设想有不运动的物质，是形而上学唯物主义的特征。"刻舟求剑"这种行为否认了运动的绝对性，陷入了形而上学的泥潭。

马克思主义关于运动和静止辩证统一关系的原理，要求我们用运动、变化、发展的观点观察和处理问题，对事物的静态分析必须与动态考察相结合；在实际工作中，必须把变革和稳定结合起来，正确处理改革、发展、稳定的关系。

庖丁解牛

规律的客观性和普遍性

　　庖丁被请到文惠君的府上为其宰杀一头肉牛。只见庖丁用手按着牛，用肩靠着牛，用脚踩着牛，用膝盖抵着牛，动作极其熟练自如。他将屠刀刺入牛身，那种皮肉与筋骨剥离的声音同运刀时的动作互相配合，显得是那样的和谐一致，美妙动人。

　　站在一旁的文惠君不觉看呆了，禁不住高声赞叹："啊呀，真了不起！你宰牛的技术怎么会这么高超呢？"

　　庖丁赶紧放下屠刀，对文惠君说："我做事比较喜欢探究事物的规律，这比只掌握做事的技巧要更高一筹。我在刚开始学宰牛时，因为不了解牛的身体构造，眼前所见无非就是一头头庞大的牛。等到我有了三年的宰牛经历以后，我对牛的构造就完全了解了。我再看牛时，出现在眼前的就不再是一头整牛，而是许多可以拆卸下来的零部件了！现在我宰牛多了以后，就只需用心灵去感触牛，而不必用眼睛去看它。我知道牛的什么地方可以下刀，什么地方不能。我可以娴熟自如地将刀直接刺入牛筋骨相连的空隙之处，不会使屠刀受到丝毫损伤。一个技术高明的厨师是用刀割肉，一般需要一年换一把刀；普通的厨工则是用刀去砍骨头，一个月就要换一把刀。而我的这把刀已经用了19年了，宰杀过的牛不下千头，可是刀口还像刚刚在磨刀石上磨过一样锋利。这是为什么呢？因为牛的骨节处有空隙，而刀口又很薄，我用极薄的刀锋插入牛骨的间隙，自然显得游刃有余了。尽管如此，每当我遇到筋骨交错的地方，也常常感到难以下手，这时就要特别警惕，瞪大眼睛，动作放慢，用力要轻，等到找到了关键部位，一刀下去就能将牛剖开，使其像泥土一样摊在地上。"

文惠君听了庖丁的这一席话，似有所悟："我听了你的这番话，还学到了不少修身养性的道理呢！"

事物的运动是有规律的，事物运动的规律是客观的。所谓规律，就是事物运动过程中固有的、本质的、必然的、稳定的联系。规律是客观的，是不以人的意志为转移的，它既不能被创造，也不能被消灭。规律是普遍的，自然界、人类社会和人的思维，在其运动变化和发展的过程中，都遵循其固有的规律。没有规律的物质运动是不存在的，没有规律的世界是不可思议的。

在客观规律面前，人并不是无能为力的。人可以在认识和把握规律的基础上，根据规律发生作用的条件和形式利用规律，改造客观世界，造福于人类。庖丁解牛之所以得心应手，是因为他"做事比较喜欢探究事物的规律"，掌握了牛的身体构造，摸清了"解牛"的规律。

人们要认识和利用规律，必须深入实践。如果庖丁不动手"解牛"，不"用心灵去感触牛"，就无法了解牛的身体构造，掌握"解牛"的规律。

拔苗助长

客观规律性与主观能动性的辩证统一

有一个宋国人靠种庄稼为生，天天都必须到地里去劳动。太阳当空的时候，没个遮拦，宋国人头上豆大的汗珠直往下掉，浑身的衣衫被汗浸得湿透。下雨的时候，也没有地方可躲避，雨打得他连头也抬不起来，雨水和着汗水一起往下淌。

宋国人劳动一天回到家后，累得一动也不想动，连话也懒得说一句。他觉得辛苦极了。更令他心烦的是，天天在田里累死累活，但不解人意的庄稼似乎一点也没有长高，真让人着急。

这一天，宋国人耕地后坐在田埂上休息，望着大片的庄稼地，不禁一阵焦虑又涌上心头。他自言自语地说："庄稼呀，你们知道我每天种地有多辛苦吗？为什么你们一点都不体谅我而快快长高呢？快长高、快长高……"一边念叨，一边顺手去拔身上衣服的一根线头，线头没拔断，却拔出来了一大截。宋国人望着被拔出来的线头，脑子里突然蹦出了一个主意："对呀，我原来怎么没想到呢？就这么办！"宋国人顿时来劲了，一跃而起，顶着烈日开始忙碌……

　　太阳落山了，宋国人的妻子早已做好了饭菜，坐在桌边等着丈夫回家。"以往这时候早回来了，今天该不会出什么事吧？"她担心地想。忽然，门"吱呀"一声打开了，丈夫满头大汗地回来了。"今天可把我累坏了！我把每一根禾苗都拔出来了一些，它们一下子就长高了这么多……"丈夫一边说一边比画着。"什么？你……"宋国人的儿子在旁一听，大吃一惊，连话也顾不上说完，就赶紧提了一盏灯向庄稼地跑去。他跑到田边一看，庄稼已经全都枯萎了。

　　"种瓜得瓜，种豆得豆。"自然界万物的生长，都具有自身的客观规律，人们无法强行改变这些规律。也就是说，规律是客观的，是不以人的意志为转移的，它既不能被创造，也不能被消灭。同时，规律也是普遍的。自然界、人类社会和人的思维，在其运动变化和发展过程中，都遵循着固有的客观规律。否认规律的客观性和普遍性都是错误的。

　　规律的客观性和普遍性要求我们必须遵循规律，而不能违背规律。人们只有自觉遵循客观规律，办事情才能取得成功。一旦违背客观规律，人们就会受到规律的惩罚。

　　拔苗的宋国人不懂得规律客观性的道理，急功近利，急于求成，一心只想让庄稼按自己的意愿快快长高，结果是"欲速则不达"，事与愿违，适得其反。

郑人买履

坚持一切从实际出发

从前，郑国有一个人，眼看着自己脚上的鞋子从鞋帮到鞋底都已破旧，鞋尖上还有一个小窟窿，于是准备到集市上去买一双新鞋。

这个人去集市之前，在家用一根小绳量好了自己脚的尺寸。但临走时将小绳放在座位上，忘记随身带出门。

一路上，他紧走慢走，走了一二十里地才来到集市。集市上热闹非凡，人群熙熙攘攘，各种各样的小商品摆满了柜台。这个郑国人径直走到鞋铺前，让掌柜的拿了几双鞋，左挑右选，最后选中了一双自己觉得满意的鞋子。他正准备用事先量好的尺码来比一比新鞋的大小，可是，一摸口袋，发现小绳忘记带来了。于是，他放下鞋子对店员说："我忘记了带尺码来，我回家去把尺码拿来再买。"说罢，拔腿就跑。

这个人急急忙忙返回家，拿了小绳又马上赶往集市。尽管他来回跑得很快，但等他再次来到集市，小贩都收摊了，鞋铺也打烊了。他没买成鞋，低头瞧瞧自己脚上的鞋，原先那个窟窿更大了。他沮丧极了。

有几个过路人围过来，知道了这件事，提醒他说："你为自己买鞋，为什么不直接穿上鞋试试大小，还要什么尺码呢？"他回答说："那可不成。量的尺码才可靠，我的脚是不可靠的。我宁可相信尺码，也不相信自己的脚！"

"宁可相信尺码，也不相信自己的脚"的想法的确愚蠢可笑。而有些人宁肯相信书本上的某些结论，将它视为一成不变的教条，而不尊重客观实际、不相信现实生活中具体的和活生生的东西，不也像这个买履的郑人一样愚蠢可笑吗？

辩证唯物主义认为，物质决定意识，客观决定主观，它要求我们想问题、办事情必须坚持一切从实际出发，而不能从主观出发、从本本出发。坚持一切从实际出发，是我们做好各种事情的基本要求，也是无产阶级政党制定和执行正确的路线、方针、政策的前提和依据。

"一个党，一个国家，一个民族，如果一切从本本出发，思想僵化，迷信盛行，那它就不能前进，它的生机就停止了，就要亡党亡国。只有解放思想，坚持实事求是，一切从实际出发，理论联系实际，我们的社会主义现代化建设才能顺利进行，我们党的马列主义、毛泽东思想的理论也才能顺利发展。"我国改革开放的总设计师邓小平如是说。

在建设和发展中国特色社会主义的过程中，坚持一切从实际出发，就必须做到以下几点：

想问题、办事情要把客观存在的实际事物作为根本出发点，从客观实际出发，具体问题具体分析，力求主观与客观具体统一。

辩证发展地认识和把握实际，从变化发展的实际出发，使自己的思想适应不断变化的客观实际，力求主观与客观的历史统一。

不以个别事实为出发点作判断、去行动，而是从客观事实的总和出发，坚持全面的观点，全面认识和把握实际。

充分发挥人的主观能动性，正确把握事物的本质和规律，实事求是，正确改造客观世界。

正确处理主观与客观的关系，反对教条主义和经验主义等主观主义。

实事求是

按客观规律办事，实事求是

战国时期，齐国的相国邹忌身材魁梧，容貌俊美。

一天早晨，他穿上衣服，戴好帽子，对着镜子端详了一番，问妻子："我与城北的徐公哪一个漂亮呢？"

妻子回答："您漂亮得多，徐公哪比得上您呢！"

城北的徐公，是齐国闻名的美男子。邹忌不相信自己会比徐公漂亮，所以，他又去问小妾："你看，我和城北的徐公相比，哪一个漂亮呢？"小妾回答："徐公哪里比得上您漂亮呢！"

过了一天，一位客人来访。在谈话中，邹忌顺便问客人："我和徐公相比，哪一个漂亮呢？"客人回答："徐公没有您漂亮啊！"

后来，城北的徐公到邹忌的家里来拜访他。邹忌仔仔细细地观察徐公的面貌、身材、姿态，深深感到自己比徐公差得远。

晚上，邹忌在床上认真地思索了一番，终于明白了这其中的原因："妻子说我漂亮，是爱我，有偏见；小妾说我漂亮，是害怕我，不敢说真话；客人说我漂亮，是因为有事求助于我，才拣好听的话说。"

看来，邹忌是一个实事求是的人。像邹忌那样，听了那么多赞美的话还不相信，还要亲自做调查，进行比较，是不容易的。这则故事告诉我们要按客观规律办事，坚持实事求是。

"实事求是"一词，源于东汉史学家班固撰写的《汉书·河间献王德传》。刘德是汉景帝刘启14个儿子中的一个，封地河间（今河北河间县一带），为河间王，死后谥献，所以称"河间献王"。刘德一生酷爱藏书，曾从民间收集了很多先秦时期的旧书，并且整理得整整齐齐。他脚踏实地，刻苦钻研，使很多读书人深为赞叹，都愿意与其一起进行研究。因此，东汉史学家班固在编撰《汉书》时，专门替刘德立"传"，并在"传"的开头对刘德的好学精神作了高度评价，赞扬刘德"修学好古，实事求是"。实事求是，原意是弄清事实，求得确切的看法。

毛泽东同志在《改造我们的学习》一文中，对这一古语作了新的解释："'实事'就是客观存在的一些事物，'是'就是客观事物的内部联系，即规律性，'求'就是我们研究。我们要从国内外、省内外、县内外、区内外的实际情况出发，从其中引出其固有的而不是臆造的规律性，即找出周围事物的内部联系，作为我们行动的向导。"

现在，人们运用"实事求是"这个成语，一般是指我们想问题、办事情要从客观存在的事物出发，经过调查研究，找出事物本身固有的而不是臆造的规律性，以此作为我们行动的依据。因此，按客观规律办事，就是要坚持实事求是。

一切从实际出发，是坚持实事求是的基本前提。坚持实事求是，要求我们在任何情况下都要坚持从客观存在的实际出发，而不是从任何主观的臆想出发。这是我们想问题、办事情的根本出发点和立足点。在现实生活中，我们想问题、办事情要自觉站在人民群众根本利益的立场上，把"全心全意为人民服务"作为自觉追求。

理论联系实际，是实事求是的根本内容和本质要求。要做到实事求是，一方面对理论要完整准确地理解和把握；另一方面，要深入实际，调查研究，占有丰富的实际资料。总之，必须将理论与实际有机结合，用马克思主义的立场和方法，去研究、探寻实际事物的内部联系，即规律性，找出符合中国国情的建设道路。

在实践中检验真理和发展真理，是实事求是的实际运用发展过程。坚持实事求是，必须把坚持马克思主义基本理论同丰富和发展马克思主义统一起来。马克思主义具有与时俱进的理论品质，是不断发展的科学。在实践中，我们要树立创新意识，不断总结新经验，积极进行理论创新，正确回答实践中迫切需要解决的新问题，不断推进马克思主义的中国化，丰富和发展马克思主义，增强马克思主义的说服力和战斗力。

坚持实事求是，必须坚持解放思想、与时俱进。解放思想、实事求是、与时俱进是辩证统一的。解放思想、与时俱进是实事求是的内在要求和前提；实事求是是解放思想、与时俱进的目的和归宿。解放思想、实事求是、与时俱进在本质上是一致的。而实现解放思想、实事求是、与时俱进辩证统一的基础是社会实践。重视实践、尊重群众，是实事求是思想路线的根本要求和体现。

坚持实事求是，并不是否定发挥主观能动性。它要求我们把发挥主观能动性和尊重客观规律结合起来，把高度的革命热情同严谨踏实的科学态度结合起来，既要反对夸大意识能动作用的唯意志主义，又要反对片面强调客观条件，安于现状、因循守旧、无所作为的思想和行为。

辩证寻思

世界上的一切事物都是普遍联系和变化发展的。联系的观点和发展的观点是唯物辩证法的两个总特征。我们要学会用联系和发展的观点看问题，坚持整体与部分的辩证统一，坚持前进性与曲折性的辩证统一，坚持量变与质变的辩证统一。

矛盾规律即对立统一规律，是唯物辩证法的实质和核心。矛盾的观点是唯物辩证法的根本观点。我们要学会用对立统一的观点看问题，坚持两点论和重点论的统一，坚持对具体问题作具体分析。

世界上的一切事物都是普遍联系的。人类生息在大地上，与自然相依为命，和谐相处。苏州，自古就有人间天堂之美誉。这里河湖交错，水网纵横，小桥流水，古镇小城，田园村舍，如诗如画；古典园林，曲径回廊，魅力无穷；吴侬细语，江南丝竹，别有韵味。如果你能穿桥过巷，沿途赏景，体验绚丽多姿的民间风俗，领略醇厚浓烈的江南水乡情调，那该是多么惬意的事啊！

唇亡齿寒

事物联系的普遍性

　　春秋时候，晋献公想要扩充自己的实力和地盘，就找借口说邻近的虢（guó）国经常侵犯晋国的边境，要派兵灭了虢国。可是在晋国和虢国之间隔着一个虞（yú）国，讨伐虢国必须经过虞地。"怎样才能顺利通过虞国呢？"晋献公问手下的大臣。大臣荀息对献公说："虞国国君是个目光短浅、贪图小利的人，您如果肯将垂棘（地名）所产的名贵玉石与屈产（地名）所出的良马奉送给虞国的国君，他是会答应借道的。"

　　晋献公有些犹豫地说："垂棘玉石是我祖传的宝贝，屈产宝马是我心爱的坐骑啊。如果虞国国君收下了我的这两件珍贵礼物，却仍然不肯借道给我怎么办？"

　　荀息为了消除晋献公的疑虑，就说："如果虞国的国君不肯借道，他定然不敢随便收下我们的礼物；如果他收下了玉石和宝马，就一定会借道给我们。至于这两件宝贝，您有些舍不得，这也不要紧，只不过是暂时寄存在那里罢了，迟早还是要归还给您的。"一番话说得晋献公如释重负，于是决定按荀息的计谋行事。

　　虞国的国君见到这两件稀世宝物后，顿时心花怒放，听到荀息说要借道虞国，马上满口答应了下来。虞国大夫宫之奇听说后，连忙阻止道："国君可不能这样做呀！虞国和虢国是唇齿相依的近邻，我们两个小国相互依存，有事可以相互帮助。俗话说：'唇亡齿寒'，没有嘴唇，牙齿也保不住啊！长期以来，我们两国在危难之际互相救助，这并不是什么互施恩德，而完全是战略上的需要啊！如今，您同意给晋国借路，让其攻打虢国。如果晋国在今天消灭了虢国，我们虞国在明天就会被晋国吃掉，这该是多么危险的事啊！"

虞公说："人家晋国是大国，现在特意送来美玉、宝马和咱们交朋友，难道咱们借条道路让他们走走都不行吗？"虞国国君一心贪恋晋国的美玉和宝马，听不进宫之奇的劝阻，给晋国军队让出了一条攻打虢国的必经之路。

晋国军队借道虞国，凭借自己国力强盛、兵强马壮，很快就消灭了弱小的虢国。在班师回朝之际，又把亲自迎接晋军的虞公抓住，剿灭了虞国。

荀息专门找回了原来送给虞国国君的美玉和宝马，当面归还给晋献公。晋献公望着失而复得的宝物，十分得意地说："宝玉还是我原来的那一块，没有变样；只是这马又多长了一颗牙齿，比去年大一岁了。"

成语"唇亡齿寒"的典故出自《左传·僖公五年》，比喻双方关系密切，相互依存。虞国国君为了贪图眼前的一点小利，置国家利益于不顾，结果招致亡国的巨大灾难。这个深刻的历史教训，是值得后人深思的。从哲学而言，虞国国君所犯的一个错误是违背了

"事物联系普遍性"的哲学道理。

"铜山西崩，洛钟东应。"事物的联系具有普遍性。世界上一切事物都与周围其他事物有着这样或那样的联系。从宏观天体到微观粒子，从无机界到有机界，从自然界到人类社会和人的思维，任何事物都处在联系之中。每一事物内部的各个部分、各个要素之间是相互联系的。世界是一个普遍联系的有机整体，是一幅由种种联系交织起来的丰富多彩的画面，其中没有一个事物是孤立存在的。所谓联系，就是事物之间以及事物内部诸要素之间的相互影响、相互制约和相互作用。

联系的观点是唯物辩证法的一个总特征。把握联系的普遍性、客观性和多样性，学会用联系的观点看问题，才能自觉地坚持唯物辩证法，反对形而上学。

盲人摸象

坚持整体与部分的辩证统一

成语"盲人摸象"出自《长阿含经》，比喻看问题总是以点代面、以偏概全。关于这则成语，有这样一则寓言：

很久很久以前，一位国王心地善良，非常乐意帮助别人，对臣民更是如此。

有一次，几个盲人相携来到王宫求见国王。国王问他们："有什么事，我可以帮助你们吗？"盲人们答道："感谢国王陛下的仁慈。我们天生就什么也看不见，听人家说，大象是一种身躯巨大的动物，可是我们从来没有见过，很是好奇，求陛下让我们亲手摸一摸大象，也好知道大象究竟是什么样子的。"

国王欣然应允，便命令手下的大臣说："你去牵一头大象来让这几位盲人摸一摸，也好了结他们的心愿。"大臣遵命而去。

不一会儿，大臣牵着一头大象回来了："象来了，象来了，你们快过来摸吧！"

于是，几位盲人高高兴兴地各自向大象走了过去。大象实在太大了，有的人摸到了大象的鼻子，有的人摸到了大象的耳朵，有的人摸到了大象的牙齿，有的人碰到了大象的身子，有的人触到了大象的腿，还有的人抓住了大象的尾巴。他们都以为自己摸到的就是大象，仔仔细细地摸索和思量起来。

过了好一会儿，他们都摸得差不多了。国王问道："现在你们明白大象是什么样子了吗？"盲人们异口同声地回答："明白了！"国王说："那你们都说说看。"

摸到象鼻子的人说："大象又粗又长，就像一根管子。"摸到象耳朵的人忙说："不对不对，大象又宽又大又扁，像一把扇子。"摸到象牙的人驳斥说："哪里，大象像一根大萝卜！"摸到象身的人则说："大象明明又厚又大，就像一堵墙一样。"摸到象腿的人也发表意见："我认为大象就像一根柱子。"最后，抓到象尾巴的人慢条斯理地说："你们都错了！依我看，大象又细又长，活像一条绳子。"

盲人们谁也不服谁，都认为自己一定没错，就这样吵个没完。

这则寓言故事告诉我们，一切事物都是一个由几个部分构成的有机联系的整体。只有从多角度、多方面来考察事物，才能得到关于这一事物的全面认识。如果只知道局部，就以为自己全明白了，就会闹出"盲人摸象"的笑话。

世界上的一切事物都不是孤立存在的，而是和周围其他事物联系着。每一事物都是普遍联系之网上的部分或环节，整个世界是一个普遍联系的有机整体。事物的联系具有普遍性、客观性和多样性，联系的观点是唯物辩证法的一个总特征。唯物辩证法的联系观点要求我们坚持整体与部分的辩证统一。

整体和部分是相互区别的。整体是事物的全局和发展的全过程，从数量上看它是"一"；部分是事物的局部和发展的各个阶段，从数量上看它是"多"。整体和部分在事物发展过程中的地位、作用和功能各不相同。整体居于主导地位，统率着部分，具有部分所不具备的功能；部分在事物的存在和发展过程中处于被支配的地位，服从和服务于整体。

整体和部分又是相互联系、密不可分的。整体是由部分构成的，离开了部分，整体就不复存在。部分的功能及其变化会影响整体的功能，关键部分的功能及其变化甚至对整体的功能起决定作用。部分是整体中的部分，离开了整体，部分就不成其为部分。整体的功能状态及其变化也会影响到部分。

理解整体与部分的关系具有重要意义，我们应当树立全局观念，立足整体，统筹全局，选择最佳方案，实现整体的最优目标，从而达到整体功能大于部分功能之和的理想效果；同时必须重视部分的作用，搞好局部，用局部的发展推动整体的发展。

"盲人摸象"，视局部为整体，片面可笑，世人应引以为鉴。

螳螂捕蝉

坚持用联系的观点看问题

　　成语"螳螂捕蝉"典出《庄子·山木》："睹一蝉，方得美荫而忘其身，螳螂执翳而搏之，见得而忘其形，异鹊从而利之，见利而忘其真。"刘向《说苑·正谏》（第九卷）记载："园中有树，其上有蝉，蝉高居悲鸣饮露，不知螳螂在其后也；螳螂委身曲附欲取蝉，而不知黄雀在其旁也；黄雀延颈欲啄螳螂，而不知弹丸在其下也。此三者务欲得其前利而不顾其后之有患也。"后来，人们用"螳螂捕蝉，黄雀在后"形容行事只顾眼前的利益而忽略了隐藏在后的危险。

　　春秋时期，有一年，吴王准备攻打楚国，大臣们纷纷进谏。他们劝阻吴王说："眼下楚国强大，吴国弱小，攻打楚国的时机还不成熟。真要发生战争，吴国得胜的希望极为渺茫。况且，倾尽我国兵力去攻打楚国，必然造成国内空虚，那样的话，其他邻国就有了可乘之机。一旦腹部受敌，国家局势将万分危急！"可是吴王不听劝告，执意要攻打楚国。大臣劝谏得多了，他就恼恨地呵斥道："全是一群窝囊废，楚国有什么可怕？就是相邻的越国，不也惧我三分吗？我的主意已定，谁要再劝阻，我就杀死谁！"

吴王的侍从少孺子为劝说吴王苦思冥想多日，终于想出了一个好办法。

一天清晨，少孺子手拿一只弹弓，衣兜里装满弹丸，来到皇宫的后花园里。他东张西望，穿梭在树丛间，连枝叶上冰凉的露水打湿了衣襟鞋袜都没有察觉。一连几个早晨，少孺子都这样在后花园里转悠。

吴王发现后觉得很奇怪，于是前来询问少孺子："你每天早晨跑到后花园里，拿着个弹弓走来走去的，究竟想干什么？"

少孺子回答说："我正在打黄雀啊！"

吴王一听，更是疑惑不解："怎么，你还有心思在这里玩？"吴王有些恼怒。

少孺子不慌不忙地说："我这几天虽然没打下一只黄雀来，可我发现了一件有趣的事。"

少孺子看到吴王脸上露出好奇的神色，就指了指近处的一棵大树，放低声音说："您瞧，这棵树最大的那根树枝上，有一只蝉高高地停在树上悲哀地鸣叫着，同时畅饮露水，却不知道有一只螳螂躲在后面正要捕杀它；而螳螂弓着身子、弯着前肢正要扑上去，竟然不知道还有一只黄雀正在旁边等着呢！而黄雀伸长颈子只顾用嘴去啄螳螂，而不知道我在树下正用弹弓准备射它呢！它们都只顾眼前利益而不顾随之而来的后患，真是危险啊！"吴王听了这番话后，觉得他说得有道理，于是下令停止出兵攻打楚国。

　　"螳螂捕蝉，黄雀在后"揭示了"事物普遍联系"的哲学道理，符合唯物辩证法的联系观点，也是对形而上学用孤立的观点看问题的一个辛辣讽刺。

　　唯物辩证法主张用联系的观点看问题。唯物辩证法认为，一切事物都是相互联系的，整个世界处于普遍联系之中。所以，要把事物放在普遍联系之中来全面考察，既要看到事物的内部联系，又要看到它与周围事物的联系。从某种意义上而言，"蝉—螳螂—黄雀—人"就是一个系统，它们之间存在着相互影响、相互制约的关系。只有用联系的观点看问题，才能正确认识和把握由种种联系交织起来的丰富多彩的世界。

　　既然一切事物都是普遍联系的，那么，我们就必须坚持联系的观点，反对用孤立的观点看问题的形而上学。形而上学主张用孤立的观点看问题，认为世界上的一切事物都是彼此孤立、互不联系的，任何事物的性质和状况都不受周围环境的制约。用这样的观点看问题，必然是只见部分不见整体，只见树木不见森林，只见一个个孤立的事物而不见事物的联系。

　　在现代信息社会，事物的联系更加紧密。"海内存知己，天涯若比邻"已不再只是美好的憧憬；"全球化"也并不仅仅是一个时髦的口号，而是成为了一个不可忽视的现实。生活在"地球村"的人类用自己的行为改变着世界，也净化着自身的心灵，促进着人类的全面发展。

起死回生

任何事物都是质与量的辩证统一

　　"起死回生"这个成语出自《太平广记·太玄女》引《女仙传》语："行三十六术甚效，起死回生，救人无数。"用来形容医术高超，也比喻力挽狂澜、挽救失败的局面。

　　据《吕氏春秋·别类》记载：

　　　　鲁国有一个医生，名叫公孙绰。有一天，他对人们说："我能够起死回生。"

　　　　有人惊奇地问他："你用什么方法呢？"

　　　　他回答说："我平时能治疗半身不遂的病。现在我只要加倍用药，不就可以起死回生了吗？"

　　公孙绰先生在此闹了个大笑话：半身不遂和死人完全是两回事啊！从哲学上来看，公孙绰先生不懂得任何事物都是量和质的辩证统一。

　　质是一事物区别于其他事物的一种内在规定性。区分事物的质，是认识事物的起点，是考察量的前提和条件。世界上的事物之所以千差万别，就在于它们各自具有不同的特殊本质。半身不遂和死人完全是两回事，它们不只是具有数量差别，更重要的是它们具有质的不同。它们具有不同的性质，即各自具有不同的特殊本质或特殊性。公孙绰先生的错误就在于没有区分它们的不同性质。

量是事物所固有的可用数量来表示的规定性。认识事物的量，是认识事物的继续，是对事物认识的深化和精确化，获得对事物质的清晰准确的认识，对实践进行准确的指导。"加倍用药"涉及的是事物的量。两个半身不遂加起来绝对不等于一个死人，将治疗半身不遂的药量加倍使用，是不能使人起死回生的。

任何事物都同时具有质和量两个方面，是质和量的统一体。没有无质的量，也没有无量的质。事物不仅具有质的规定性，而且还有量的规定性，质一般要通过量才能来表现。度是事物保持其质的数量界限，是质和量的统一。任何度的两端都存在着极限或界限，而超出这个范围，事物的性质就会发生变化。常温常压下，水的凝固点是0℃，沸点是100℃，从0℃到100℃是水的温度范围。超过了这个度，液态的水要么变成冰，要么变成水蒸气。只有认识事物的度，才能准确认识事物的质，才能在实践中掌握适度原则，防止"过"与"不及"的错误。将治疗半身不遂的药量加倍使用，就是超过事物的度。

《史记·扁鹊传》里记载了这样一个故事：

　　春秋时期，蔡国有个著名的民间医生名叫秦越人。因为他的医术高超，人们便将他与传说中黄帝时代的神医扁鹊相提并论，称他为扁鹊，反而忘记了他的真实姓名。

　　有一次，扁鹊来到虢国行医，听王宫里的人说，"在今天凌晨鸡叫时，太子突然发病死了，现在尸体都还没有收殓呢！"

扁鹊听到后，对那位王官里的人说："我是医生，能让我进宫去给太子看一下病吗？"虢国的国君接到报告后，就应允了扁鹊的请求。

扁鹊来到太子床前，仔细地检查了一遍，发现太子大腿内侧还有微温，耳朵里还有鸣音，于是说："太子还没有死，只是严重昏迷，我能把他救活。"

接着，扁鹊在太子的头、胸、手和脚等处扎了几针，并在太子身上进行了热敷。不一会儿，太子慢慢地苏醒过来了。大家一见，非常高兴，对扁鹊的医术佩服得五体投地。

扁鹊又给太子开了一个药方。太子服用20天药，便完全康复了。

消息传开后，扁鹊的名声变得更大了。虢国国君再三向扁鹊道谢，称赞他有起死回生之术。扁鹊说："不是我能起死回生，只是太子未曾真死，我才能救活他。"

从哲学上来看，扁鹊"起死回生"的故事给我们的启示是：任何事物的变化发展都是内因与外因的辩证统一。矛盾是事物变化发展的源泉和根本动力。任何事物的变化发展，都是内因与外因共同作用的结果。内因是事物变化的根据，外因是事物变化的条件，外因通过内因而起作用。在这则故事中，"太子未曾真死"是内因，是太子起死回生的决定性因素；扁鹊高超的医术是外因，是太子起死回生的重要影响因素，它只有通过太子这个内因才能发生作用。内因与外因的有机结合，才有病人的起死回生。

水滴石穿

量变与质变的辩证统一

　　宋朝的时候，张乖崖在崇阳当县令。当时，经常发生军卒侮辱将帅、小吏冒犯长官的不良风气。张乖崖对此非常痛恨，决心整治这种行为。

　　有一天，他在衙门附近巡行。突然，他看见一个小吏从府库中慌慌张张地溜了出来。张乖崖喊住小吏，发现他头巾里藏着一枚铜钱。经过追查盘问，那个小吏支吾了半天，才承认这一枚铜钱是从府库中偷来的。张乖崖将小吏带回大堂，下令拷打。那小吏不服气："一枚铜钱算得了什么！你也只能打我，难道还杀我不成！"张乖崖大怒，说道："一日一钱，千日千钱。绳锯木断，水滴石穿。"为了惩罚这种行为，张乖崖下令斩了这个小吏。

　　"水滴石穿"原比喻小错不改将会变成大错。后来比喻只要坚持不懈，力量虽小也能办成大事。

　　与"水滴石穿"蕴含着同一哲理的成语还有"防微杜渐"。成语"防微杜渐"语出《后汉书·丁鸿传》："若敕政责躬，杜渐防萌，则凶妖销灭，害除福凑矣。"其意为：在不良事物刚露头时就要加以防止，杜绝其发展。

东汉和帝即位后，窦（dòu）太后专权。她的哥哥窦宪官居大将军，任用窦家兄弟为文武大官，掌握着国家的军政大权。看到这种现象，丁鸿等大臣心里十分着急，都为汉室江山捏了把汗。

丁鸿很有学问，对经书颇有研究，对窦太后的专权也十分气愤，决心为国除掉这一祸害。几年后，天上发生日食，丁鸿就借这个"不祥的征兆"上书皇帝指出窦家权势对于国家的危害，建议迅速改变这种状况。和帝本来早已有这种感觉和打算，于是迅速撤了窦宪的官，窦宪和他的兄弟们被迫自杀。

丁鸿在给和帝的上书中说，如果皇帝亲手整顿国家，应在事态开始萌芽时就注意防止，以消除隐患，这样才能使国家长治久安。

从哲学上而言，"水滴石穿"与"防微杜渐"都是强调要重视事物量的变化。

唯物辩证法告诉我们，量变与质变是辩证统一的。量变是质变的必要准备，质变是量变的必然结果；质变又为新的量变开辟道路，使事物在新质的基础上开始新的量变。事物的发展就是这样由量变到质变，又在新质的基础上开始新的量变，如此循环往复，不断前进。

量变是质变的前提和必要准备。没有长期的量的积累、准备，质变的发生是不可能的。老子在《道德经》中曾指出："天下难事，必作于易；天下大事，必作于细。是以圣人终不为大，故能成其大。夫轻诺必寡信，多易必多难。是以圣人犹给之，故终无难矣。"人们常说的"冰冻三尺，非一日之寒""台上一分钟，台下十年功""水滴石穿"，这些都是强调只有量的积累达到一定程度，才会有质的变化。

王国维曾引用三句宋词来说明做学问的三个阶段。第一阶段是"独上高楼，望尽天涯路"，第二阶段是"衣带渐宽终不悔，为伊消得人憔悴"，第三阶段是"众里寻他千百度，蓦然回首，那人却在灯火阑珊处"。这符合量变和质变辩证统一的哲学道理。"蓦然回首，那人却在灯火阑珊处"是"质变"，而前面的"独上高楼，望尽天涯路""衣带渐宽""人憔悴""众里寻他千百度"，都是为质变作准备的艰难困苦的量变过程。没有这一系列的量变，就不可能发生"蓦然回首，那人却在灯火阑珊处"的质变。

量变还规定着质变的性质和方向。在量变引起质变的过程中，往往同时存在着两种方向相反的量。就人而言，"人一半是天使，一半是野兽"。任何人身上都有好坏、善恶的因素存在。如果他不断积累好的、善的因素，那么，质变的方向就是实现自己的理想人格，即实现人的全面发展，做一个对社会有益的人。相反，如果一个人不断积累坏的、恶的因素，那么，质变的结果就是步入人生的歧途，甚至走上犯罪的道路。对于促使事物向好的、善的方向发生质变的量，我们要日积月累，脚踏实地、埋头苦干，从一点一滴的小事做起，"勿以善小而不为"；对于导致事物向坏的、恶的方向发生质变的量，我们要防微杜渐，"勿以恶小而为之"。

善恶、美丑、真假之间，只有一步之遥。请迈好你人生路上的每一步！

田忌赛马

结构形式和排列次序的变化引起质变

　　齐国的将军田忌经常同齐威王赛马。他们赛马的规矩是：双方各下赌注，比赛共设三局，两胜以上为赢家。然而每次比赛，田忌总是输家。

　　这一天，田忌赛马又输给了齐威王。回家后，田忌把赛马的事告诉了自己的高参孙膑。孙膑是军事家孙武的后代，饱读兵书，深谙兵法，足智多谋，被庞涓谋害残了双腿。孙膑来到齐国后，很受田忌器重，被田忌尊为上宾。孙膑听了田忌谈他赛马总是失利的情况后，说："下次赛马您让我前去观战。"田忌非常高兴。

　　又一次赛马开始了。孙膑坐在赛马场边上，很有兴趣地看田忌与齐威王赛马。第一局，齐威王牵出自己的上马，田忌也牵出了自己的上马，结果跑下来，田忌的马稍逊一筹。第二局，齐威王牵出了中马，田忌也以自己的中马与之相对。第二局跑完，田忌的中马又慢了几步而落后。第三局，两边都以下马参赛，田忌的下马又未能跑赢齐威王的马。看完比赛回到家里，孙膑对田忌说："我看你们双方的马，若以上、中、下三等对等地比赛，您的马都相应地差一点，但悬殊并不太大。下次赛马您按我的意见办，我保证您必胜无疑。"

这一天，田忌与齐威王的赛马又开始了。第一局，齐威王出那头健步如飞的上马，孙膑却让田忌出下马，一局比完，自然是田忌的马落在后面。可是到第二局形势就变了，齐威王出以中马，田忌这边对以上马，结果田忌的马跑在前面，赢了第二局。最后，齐威王剩下了最后一匹下马，当然被田忌的中马甩在了后面。这一次，田忌以两胜一负而取得赛马胜利。

田忌以前赛马的办法总是一味硬拼，希望一局也不要输，结果因自己总体实力差那么一点，总是以失败而结束。孙膑巧妙运用自己的优势，先让掉一局，保存实力去确保后两局的胜利，这样便保证了整体的胜利。

"田忌赛马"的典故除了包含着"整体与部分的辩证统一"的哲理外，还蕴含着"结构形式和排列次序的变化引起质变"的哲学道理。

唯物辩证法告诉我们，量变和质变是事物发展过程中两种不同的状态。量变是指事物数量的增减和场所的变更，是一种渐进的、不显著的变化。通常人们在生活中看到的统一、相持、平衡和静止等，都是事物在量变过程中所呈现的状态。

质变是指事物根本性质的变化，是事物由一种质态向另一种质态的飞跃，是一种根本的、显著的变化。统一物的分解、平衡和静止的破坏等，都是质变过程中所呈现的状态。

任何质变的发生都不是偶然的，更不是凭空产生的，而是以量变为基础，首先从量变开始的。量变是质变的前提和必要准备，没有量变就没有质变。量的变化积累起来，达到一定的程度，就有可能引起质变。这就是说，质变依赖于量变，没有量变就没有质变。

不过，事物的量变存在两种基本形式：一种是事物在数量上的增减，即事物在大小、速度、程度和规模等方面的变化能够引起质变；另一种是事物在总体上数量不变，只是由于构成事物的成分在结构形式和排列次序上发生了变化，从而引起质变。在"田忌赛马"的故事中，马还是原来的马，只不过是按照孙膑的运筹，将马出场比赛的排列次序进行了改变，却能产生质的飞跃，转败为胜。

从古代的"田忌赛马"到今天的各种体育大赛，从两军对垒到组织劳动生产，人们都自觉或不自觉地运用了"构成事物的成分在结构形式和排列次序上发生变化，从而引起质变"的哲学道理。

今天，我们更可见众多的"优化组合""资产重组"的无穷奥妙与魅力。

机不可失

把握质变，促成飞跃

成语"机不可失"是说好的时机不可放过，失掉了不会再来。五代的安重荣《上石敬瑭表》有："须知机不可失，时不再来。"

关于"机不可失"，有这样一则幽默故事：

一位牧师非常虔诚地相信上帝。这一年的夏季，下起了连绵大雨，经月不停。小镇上的积水越来越多，以至于要淹没房屋，居民大多迁移他处。牧师却不走，坚守着自己的天职。这时，有人划船经过，对牧师说："牧师，赶快上船吧，洪水很快就会把这里淹没的！"牧师回应道："我不走，我是上帝的仆人，一生忠诚地履行上帝赋予我的任务，上帝不会让我死的，你们走吧！"这人无可奈何，只好独自离去。

一天之后，雨越下越大，水越积越高。牧师只好爬上了屋顶。这时，一个救生员划着一条小船经过："牧师，赶快上船吧，洪水越涨越高，你在这里会被淹死的！"牧师仍然很坚定地说："你走吧，上帝会来救我的！"救生员无可奈何地走了。

三天之后，雨水漫过了屋顶，牧师只好爬上了教堂的塔尖。这时，飞来一架直升机，机上的人向牧师大喊："牧师，我是来救你的。我把天梯放下来，你用绳子捆住自己的腰，我带你飞离险境。"牧师一边虔诚地祷告一边说："不！不用你来救我，我为上帝付出了一生，他不会这样让我死的，雨马上就会停，水也会很快退去，我相信我能活下去。"直升机上的人屡劝无效，只好飞走了。最后，牧师被淹死了。

牧师来到天堂，见到了上帝。上帝看到牧师很是惊讶："怎么会是你？你怎么会死呢？"牧师恼怒地说："很奇怪吗？我为你做了一辈子的事情，从无二心，你却不给我生的机会，让水活活把我给淹死了。"上帝睁大了眼睛："怎么会呢？我怎么会不给你生机，你要知道，我给你派去了两只船和一架直升机。你还要我怎么样？"

唯物辩证法认为，量变与质变是辩证统一的。量变是质变的必要准备，质变是量变的必然结果。其中，质变是量变的必然结果，是指单纯的量变不会无限地持续下去，量变达到一定程度不可避免地会引起质变。这是因为：第一，量变本身就潜藏着破坏质的趋势，在事物的连续性（量变）中就孕育着非连续性（质变），包含着发生连续中断的可能性；当量变到达度的节点，这种可能性就会变为现实性。第二，质变是事物根本性质的变化，是新事物代替旧事物的飞跃。如果只有量变而无质变，世界将被歪曲为同一事物永远重复的荒漠；如果只有量变而无质变，量变本身最终会为旧质框架所局限而陷于停滞。只有通过质变才能实现事物的飞跃和发展。这一原理要求我们要做好量变的准备，促进事物的质变。在量变已经达到一定程度、只有改变事物原有的性质才能向前发展时，要果断地抓住时机，促成质变，实现事物的飞跃和发展。不论一个人还是一个国家，只有善于抓住机遇，才能赢得主动；只有努力赢得优势，才能加快发展。拔苗助长、急于求成或优柔寡断、缺乏信心，都是不可取的。"机不可失，时不再来"正是这一原理的体现。

"机不可失，时不再来。"机遇常常悄然而去。人生犹如登高，每一级台阶都是上一级台阶的基础。我们不能好高骛远，要懂得把握住眼前的机会。只有及时抓住每一个机会，不失时机地将自己的想法付诸实践，"该出手时就出手"，才有可能攀上人生的制高点，才能在人生旅程中大展宏图。

对于每个人，时机都是一视同仁的。从某种意义上说，成功者与失败者的区别，就在于处理机遇的态度。成功者往往能做好充分准备，把握时机，促成飞跃；失败者往往是坐等其成，眼看着机遇悄然而过。可见，两种不同的对待机遇的态度会导致截然不同的后果。在上述故事中，李靖能把握时机，而牧师却失去了生机。

每当机遇降临，随之而来的是成功的希望，但是机遇并不等于成功。如果你要取得成就或要实现你的雄心壮志，就必须努力拼搏、艰苦奋斗，否则，即使机遇来临，你也会坐失良机，一事无成。

坐而论道不如身体力行。机遇青睐智慧的头脑，成功偏爱勤奋的勇士。让我们过好充实的每一天！

刮目相看

坚持用发展的观点看问题

　　吴国大将军吕蒙，十几岁就从军打仗。由于武艺高强，英勇善战，屡建战功，三十多岁就升为中郎将。但他文化水平很低，常常闹出"张冠李戴"式的笑话。每逢给孙权上书，只能口述而让别人代笔。这样，有时难免词不达意，弄得孙权哭笑不得。所以，孙权劝告他说："你现在身为大将军，不只凭勇武之力，应该多读读书，注意韬略。"吕蒙接受了孙权的教诲，开始发愤读书，而且进步很快，后来，终于博古通今，满腹经纶，达到了相当高的文化水平。

　　后来，吴国军事统帅周瑜病死，鲁肃为吴国都督。有一次，鲁肃与吕蒙在席间议论起军机和时事，吕蒙说得头头是道，有理有据。鲁肃感到非常惊讶，也大为惊喜，拍打着吕蒙的肩膀说："我原来以为你只有武略，今天看来，你学识渊博，已再不是过去的吴下阿蒙了啊！"吕蒙幽默地回答说："士别三日，即应刮目相看。"后来，人们便用"士别三日，刮目相看"表示别人已大有进步，不能再用老眼光去看待。

"士别三日，刮目相看"反映了唯物辩证法的一个重要观点：事物是变化发展的。

唯物辩证法主张用发展的观点看问题，认为世界上没有一成不变的东西，一切事物都是运动、变化、发展的过程，都有其产生、发展和灭亡的历史，都有其过去、现在和未来。研究任何问题，既要看到它的现在，又要看到它的过去，预见它的未来。茫茫宇宙，从小小的尘埃到大如太阳的恒星，从无机物到有机物，从原生物到人，从自然界到人类社会乃至人们的思想领域，都处在永不停息的变化发展过程之中。正如恩格斯所说："当我们深思熟虑地考察自然界或人类历史或我们自己的精神活动的时候，首先呈现在我们眼前的，是一幅由种种联系和相互作用无穷无尽地交织起来的画面，其中没有任何东西是不动的和不变的，而是一切都在运动、变化、产生和消失。"

既然一切事物都是不断地变化发展的，那么，我们就必须坚持变化发展的观点，反对用静止的观点看问题。形而上学主张用静止的观点看问题，认为世界上一切事物都是静止不动、永远不变的；如果说有变化，也只是数量的增减或场所的变更，不会有质变，不会有旧事物的灭亡和新事物的产生。用这种观点来考察事物，必然是只见现在不见过去和未来，只见一个个孤立的片断不见事物发展的总过程。

说到这里，不由想起《吕氏春秋》中记载的一个典故——"楚人渡澭（yōng）"。

春秋时期，楚国和宋国作战。楚国人打算偷渡澭河袭击宋国。于是，楚军白天派人去测量河水，在可以渡河的浅水地方作下了记号，准备晚上从那里涉水过河。

但到了夜间滩水暴涨，楚军不注意情况的变化，仍按事先测量好的路线渡河，结果溺死者达千余人，士兵们惊慌失措，落荒而逃，不战而溃。

楚人事先测量的路线是可以渡河的。但是，夜间水位已经暴涨，楚军仍然沿着事先测量的路线渡河，这是他们溃败的根本原因。楚人无视事物的运动变化，用静止不变的观点看问题，以白天获得的对水的认识指导夜间的实践，犯了形而上学的错误。

发展的观点是唯物辩证法的一个总特征。用发展的观点看问题，就是要承认发展的普遍性和客观性，将事物如实地看成一个由其过去、现在和未来构成的发展过程，了解发展的实质就是新事物代替旧事物，认识事物发展的途径是前进性和曲折性的辩证统一，理解事物发展的状态是量变和质变的辩证统一，把握事物发展的源泉和动力是事物内部的矛盾，明确发展的环节是辩证的否定。只有这样，才能自觉抵制各种唯心主义和形而上学的错误观念。

"世异则事异，事异则备变。"世界上唯一不变的就是变化。让我们坚持与时俱进，用变化发展的观点来看待一切！

世外桃源

矛盾的普遍性与客观性

　　成语"世外桃源"出自晋朝陶渊明的《桃花源记》。文中描述了一位渔人游历"世外桃源"的奇遇：

　　　　东晋太元年间，有个武陵（今湖南常德）人以捕鱼为职业。有一天，他顺着溪水划船走，忘记了路程的远近。忽然遇到一片桃花林，桃树夹着溪流两岸，长达几百步，地上香草青翠，坠落的花瓣繁多艳丽。渔人惊异于这种动人的美景，继续向前划去，一直划到桃花林的尽头。一过桃林，便是一座山拔地而起。山腰间有一个不算很大的山洞，里面似乎有点亮光。渔人离船上岸，进了山洞，直往里走。洞中极窄，刚能过一个人。走不多远，豁然开朗，一番新天地把他吸引住了：只见这里土地平坦广阔，房屋整齐分明，有良田美池，还有绿桑翠竹。道路纵横交错，村落井然有序。各村相距不远，鸡鸣狗吠相互都能听见。村里人们来来往往，耕田劳作，男女的服饰完全不像桃花源外的世人。男女老少悠闲愉快，自得其乐。

　　　　桃源中人见到渔人，大为吃惊。问渔人从何而来，渔人从实回答。于是，他们邀渔人到家中，杀鸡摆酒，热情款待。村子里的人听说有这样一个人，都来打听消息。他们自己说前代祖先为了躲避秦朝时候的祸乱，带领妻子儿女和同乡人来到这个与世人隔绝的地方，从此没有再从这里出去过。他们问现在是什么朝代，竟不知道有过汉朝，更不必说魏朝和晋朝。渔人一件件为他们详细讲述自己知道的情况，那些人听罢都感到十分惊讶。

渔人住了几天，告辞离去。这里的人叮嘱渔人道："这里的情况您千万不要对桃花源以外的世人说啊！"

渔人出来后，找到了他的小船，就沿着旧路回去，一路上处处做了标记。回到郡里，去拜见太守，报告了这些情况。太守立即派人跟着他前去，寻找先前做的标记，竟迷失了方向，再也找不到原来的路。

南阳刘子骥，是个高尚的名士，听到这件事，高高兴兴地计划前往，但最终没有实现就病死了。后来就没有探访的人了。

"世外桃源"原指与现实社会隔绝、生活安乐的仙境，后也指环境幽静、生活安逸的地方，借指一种幻想的脱离现实生活的美好世界。

在现实生活中，没有矛盾的"世外桃源"是不存在的。世界是普遍联系和永恒发展的，联系的根本内容是矛盾，发展的根本动力也是矛盾，没有矛盾就没有世界。矛盾双方既对立又统一，由此推动事物的运动、变化和发展。矛盾是事物发展的源泉和动力。

矛盾存在于一切事物中，即事事有矛盾。人们尚未认识、还不能对其具体矛盾做出科学解释的事物，并不等于该事物没有矛盾。

矛盾贯穿于每一事物发展过程的始终，每一事物从产生到灭亡都存在着自始至终的矛盾运动，即时时有矛盾。矛盾的存在既是普遍的，又是客观的。没有矛盾的"世外桃源"只是作者幻想出来的一种理想社会，寄托着人们的良好愿望。后人用"世外桃源"的成语来比喻没有矛盾的安乐之地。

桃花源是美丽的，但桃花源毕竟是虚幻的。在现实生活中，"世外桃源"是根本不存在的。无论我们如何想象，憧憬之后还是要面对现实。

桃花源是美好的，现实是残酷的。我们不能像陶渊明一样，逃避现实，沉迷在没有矛盾的虚幻世界之中，而要面对现实，承认矛盾，揭露矛盾，化解矛盾，续写历史，创造生活，开拓未来，做与众不同的"陶渊明"。

居安思危

同一性和斗争性是矛盾的两个基本属性

　　宋、齐等国联合攻打郑国，弱小的郑国知道自己兵力不足，于是请晋国做中间人，希望宋、齐等国家能够打消攻打的念头。其他国家因为害怕强大的晋国，并不想得罪晋国，纷纷决定退兵。

　　为了答谢晋国，郑国国君派人献给晋国许多美女和贵重的珠宝作为谢礼。晋悼公十分高兴，就将一半的美女赏给自己的大臣魏绛，说："你这几年为我出谋划策，事情办得很顺利。现在让我们一同来享受吧！"

　　魏绛一口谢绝了晋悼公的分赠，并劝晋悼公说："虽然现在晋国很强大，但我们绝对不能因此而大意，因为《书经》上说：'居安思危，思则有备，有备无患。'"

　　矛盾就是对立统一。矛盾的对立属性是斗争性，矛盾的统一属性是同一性。斗争性和同一性是矛盾所固有的两种基本属性。

　　事物是"相辅相成"的。"安"与"危"是事物矛盾的两个方面，两者具有同一性，双方具有相互吸引、相互联结的属性和趋势。矛盾双方是相互依赖的，一方的存在以另一方的存在为前提，双方共处于一个统一体中；矛盾双方是相互贯通的，即相互渗透、相互包含，在一定条件下可以相互转化。"人无远虑，必有近忧。"只有在"安定"时，时刻关注潜在的"危险"，并采取相应的措施来化解这些危险，才能"转危为安"。

事物又是"相反相成"的。"安"与"危"也具有斗争性，即双方具有相互排斥、相互对立的属性，体现着对立双方相互分离的倾向和趋势。哲学上所说的"斗争性"与日常生活中所说的"斗争"，既有联系又有区别。日常生活中所说的"斗争"，仅仅是矛盾斗争性的一种具体形式。哲学上所说的"斗争性"，包括一切差异和对立，日常生活中的意见分歧、利益摩擦、方向相左等，都是哲学上矛盾斗争性的具体形式。

矛盾的同一性和斗争性是辩证统一的。一方面，同一以差别和对立为前提。没有斗争性，就没有矛盾双方的相互依存和相互贯通，事物就不能存在和发展。矛盾双方的共存要靠斗争来维持，矛盾双方的转化要靠斗争来实现。另一方面，斗争性寓于同一性之中，并为同一性所制约。没有同一性，就没有矛盾统一体的存在。事物同样不能存在和发展，同一性规定制约着斗争的形式、规模和范围。矛盾双方既对立又统一，由此推动事物的运动、变化和发展。正如马克思所说："假如没有小偷，锁会达到今天这样的完善吗？假如没有假钞票，钞票的制造会有这样精美吗？"

同一性和斗争性都是矛盾所固有的基本属性，对于矛盾本身来说都是必不可少的。事物的发展不仅表现为"相辅相成"（同一性），而且表现为"相反相成"（斗争性）。正确认识和自觉利用矛盾的这两种基本属性，对于推动事物的运动、变化和发展，都具有重要意义。

塞翁失马

矛盾双方在一定条件下可以相互转化

　　战国时期，有位老汉住在与匈奴相邻的边塞地区，来来往往的过客都尊称他为"塞翁"。塞翁生性达观，为人处世的方法也有点与众不同。

　　有一天，塞翁家的一匹马在放牧时走失了。邻居们听到这事，纷纷表示惋惜，并安慰他不必太着急，年龄大了，应多注意身体。可是，塞翁却毫不在意地说："虽然丢了一匹马，可没准还会给我带来福气呢？"邻居听了，心里觉得好笑。马丢了，明明是件坏事，他却认为"没准会带来福气"，显然是自我安慰而已。

　　可是，过了没几天，丢了的那匹马跑了回来，并且还带回了一匹匈奴人的骏马。于是，邻居们非常佩服塞翁的预见，前来道贺说："还是您老有远见，马不仅没有丢，还带回一匹好马，真是福气呀！"塞翁反倒没有一点高兴的样子，忧心忡忡地说："白白得了一匹好马，不一定是什么福气，也许这件事会给我带来灾祸呢？"邻居们以为他故作姿态，纯属老年人的狡猾，心里明明高兴，却不说出来。

　　塞翁有个独生子，非常喜欢骑马。他儿子发现带回来的那匹马顾盼生姿，身长蹄大，嘶鸣嘹亮，剽悍神骏，喜不自禁，每天骑马兜风，乐此不疲。有一天，他儿子因得意而忘形，打马飞奔，一个趔趄，从马背上跌下来，摔断了一条腿，造成了终身残疾。善良的邻居们闻讯后，赶紧前来慰问，而塞翁却说："没什么，腿摔断却保住了性命，或许是福气呢！"邻居们觉得他又在胡言乱语。他们想不出，摔断腿会带来什么福气。

不久，塞外的匈奴人大举入侵中原，边塞形势骤然吃紧，身强力壮的青年都应征入伍了，且大多战死于沙场。塞翁的儿子因为腿残未被征召入伍，从而保住了性命，父子避免了一场生离死别的灾难。

成语"塞翁失马，焉知非福"讲的就是这个故事。它告诉我们，好事和坏事不是绝对的，而是相对的，在一定的条件下，坏事可以引出好的结果，好事也可能会引出坏的结果。从哲学上看，这则故事揭示了"矛盾双方在一定条件下可以相互转化"的哲理。

事物内部的矛盾包含着既对立又统一的两个方面。矛盾双方是相互贯通的，即相互渗透、相互包含，在一定条件下是可以相互转化的。例如：在数学中，正数可以转化为负数，负数也可以转化为正数。在物理学中，作用可以转化为反作用，反作用也可以转化为作用。在化学中，化合可以转化为分解，分解也可以转化为化合。在生物学中，生可以转化为死，死也可以转化为生。在社会现象中，战争可以转化为和平，和平也可以转化为战争。在实际工作中，成功可以转化为失败，失败也可以转化为成功；困难可以转化为顺利，顺利也可以转化为困难；坏事可以转化为好事，好事也可以转化为坏事。如此等等。"祸兮福之所倚，福兮祸之所伏""变废为宝""失败是成功之母"等等，都是讲福与祸、废与宝、失败与成功等矛盾着的对立面在一定条件之下的相互转化。《周易》曾提出了"否极泰来"的命题。"否"和"泰"本义是两个卦名，天地之交叫做"泰"，就是吉祥的预兆；天地不交叫做"否"，意味着失利或不吉祥。"否极泰来"的意思就是"否"到了极点，就可以转化为"泰"。白居易在《遣怀》一诗中写道："乐往必悲生，泰来犹否极。"这不仅指出了"否极泰来"，而且还含有"乐极生悲"的意思。总之，一切矛盾的对立面，如大与小、有与无、上与下、高与低、动与静、美与丑、真与假、穷与富、好与坏、苦与乐等等，都包含着在一定条件下向自己的对立面转化的可能性。

矛盾推动事物的发展，是通过矛盾双方的相互转化而实现的。矛盾双方转化是指矛盾双方各自走向自己的对立面，是具体矛盾的解决和新旧矛盾的交替，它既是矛盾同一性的最高形式和最终确证，又是矛盾运动的最重要的表现。

矛盾双方的相互转化，是其力量对比、地位等方面的变化，而不是矛盾双方"你变为我，我变为你"。例如，无产阶级与资产阶级是资本主义社会阶级矛盾的两个方面，作为矛盾的双方，在一定条件下是可以相互转化的。在资本主义社会，资产阶级占有生产资料，掌握着国家政权，是矛盾的主要方面；无产阶级完全丧失了生产资料，一无所有，处于被统治被剥削的地位。但是，无产阶级是先进生产力的代表，是不断成长壮大的。一旦无产阶级的力量不断增长壮大，通过革命能够推翻资产阶级的统治，占有生产资料，掌握国家政权，就从矛盾的次要方面转化成为矛盾的主要方面。

矛盾的双方转化是现实的、有条件的，而不是虚幻的、任意的。没有一定的条件，是不可能实现转化的。塞翁失马后的"祸"与"福"转化，是在一系列具体条件下实现的。这正如列宁所说：

"没有任何一种现象不能在一定条件下转化为自己的对立面。"毛泽东也说："矛盾着的对立的双方互相斗争的结果，无不在一定条件下互相转化，在这里，条件是重要的。"

毛泽东曾说："虚心使人进步，骄傲使人落后。""进步"与"落后"既对立又统一，是矛盾的两个方面，两者相互转化需要不可或缺的前提条件。"虚心"就是"进步"的前提条件，"骄傲"则是"落后"的前提条件。

常言道："失败乃成功之母。"失败与成功作为矛盾的双方是对立统一的。在一定条件下是可以相互转化的。卡耐基说："失败者和成功者之间的区别，常在于成功者能从错误中获益，并以不同的方式尝试。"这就明确告诉我们，要从失败走向成功，就必须善于分析导致失败、错误和挫折的主客观原因，并从中吸取教训，以饱满的工作热情、顽强拼搏的精神，采取科学有效的举措来改进和克服错误。唯有如此，才能反败为胜，走向成功。失败如风，是对奋斗者双翼的考验，而不是无底的深渊；成功似水，是对耕耘过的土地的滋润，而不是永久的收获。面对失败，有志者奋斗，无志者沉沦。在我们面对失败时，如果始终保持有一份无畏，一份豪情，一份自信，成功就会如期而至。

总之，否认矛盾双方的相互转化，是形而上学的观点；抹杀矛盾双方相互转化的条件，则会陷入相对主义和诡辩论。

邯郸学步

矛盾普遍性与特殊性的辩证统一

成语"邯郸学步"出自《庄子·秋水》，比喻生搬硬套，机械地模仿别人，不但学不到别人的长处，反而会把自己的优点和本领丢掉。

战国的时候，燕国寿陵有一位少年，论长相也算得上中等人才，可他就是缺乏自信心，经常无缘无故地感到事事不如人，低人一等。他见什么学什么，学一样丢一样，虽然花样翻新，却始终不能做好一件事。日久天长，他竟怀疑自己该不该这样走路，越看越觉得自己走路的姿势太笨、太丑了。

有一天，他听说赵国都城邯郸的人特别有风度，走起路来，既潇洒又优雅，姿势很美。于是这位燕国青年不顾家人的反对，带上盘缠，跋涉千里，专程赶到邯郸，一心要学邯郸人走路的样子。

一到邯郸，他感到处处新鲜，简直令人眼花缭乱。看到小孩走路，他觉得活泼，学；看见老人走路，他觉得稳重，学；看到妇女走路，他觉得婀娜多姿，学。几天下来，他累得腰酸腿疼，但学来学去总是学得不像。

　　燕国青年心想，学不好的原因肯定是自己走惯了原来的老姿势和步法，于是，他下决心丢掉自己原来的习惯走法，从头开始学习走路，一定要把邯郸人走路的步法学到手。可是，一连过了好几个月，燕国青年越学越差劲，不仅连邯郸人的走法没学会，而且还把自己原来是怎么走路的也全忘了。眼看带来的盘缠已经花光，自己一无所获，他十分沮丧，于是只好回家。然而，他忘了自己原来是怎样走路的，竟然迈不开步子了，只好在地上爬着回去。

　　从哲学上说，"邯郸学步"违背了"矛盾的普遍性和特殊性辩证统一"的哲学道理。

　　人人都会走路，每个人走路都有一些共同的最基本的姿势，这是普遍性，即事物的共性；但每个人的身体条件不同，走路的姿势也会具有自己的特点，这是特殊性，即事物的个性。毛泽东同志在《矛盾论》中就指出："矛盾的普遍性和矛盾的特殊性的关系，就是矛盾的共性和个性的关系。其共性是矛盾存在于一切过程中，并贯串于一切过程的始终，矛盾即是运动，即是事物，即是过程，也即是思想。否认事物的矛盾就是否认了一切。这是共通的道理，古今中外，概莫能外。所以，它是共性，是绝对性。然而这种共性，即包含于一切个性之中，无个性即无共性。假如除去一切个性，还有什么共性呢？因为矛盾的各自特殊，所以造成了个性。一切个性都是有条件地暂时地存在的，所以是相对的。这一共性个性、绝对相对的道理，是关于事物矛盾的问题的精髓，不懂得它，就等于抛弃了辩证法。"

　　任何事物的矛盾都是普遍性和特殊性的辩证统一。矛盾的普遍性和特殊性是相互联结的。一方面，普遍性寓于特殊性之中，并通过特殊性表现出来，没有特殊性就没有普遍性；另一方面，特殊性离不开普遍性。世界上的事物无论怎样特殊，它总是和同类事物中的其他事物有共同之处，不包含普遍性的事物是没有的。在人走路的问题上，一方面，人走路的共性寓于每个人不同的走路姿势（个性）之中，并通过每个人走路的姿势（个性）表现出来；另一方面，每个人走路的姿势（个性）离不开人走路的共性。燕国青年和东施都不懂得这些道理，看不到每个人自身的特殊性，割裂了矛盾的普遍性和特殊性相互联结的辩证关系，结果犯了错误，闹出笑话。

画龙点睛

集中主要力量解决主要矛盾

　　南北朝时期，梁朝的张僧繇绘画技术十分高超，尤其擅长画龙。他画龙已经到了出神入化的程度。

　　有一年，梁武帝令张僧繇为金陵的安乐寺作画，在寺庙的墙壁上画四条金龙。张僧繇仅用三天时间就画好了。这些龙画得栩栩如生，惟妙惟肖，简直就像真龙一样活灵活现。很多人前去观看，都称赞画得好，太逼真了。可是，当人们走近一点看，就会发现美中不足的是四条龙全都没有眼睛。许多人对此不解，问他："先生画龙，为什么不点上眼睛呢？是否点眼睛很难？"张僧繇解释说："眼睛是龙的关键，给龙点上眼睛并不难，但点上眼睛后，这些龙会破壁乘云飞走。"大家听后谁都不相信，认为他这样解释很荒唐，墙上的龙怎么会飞走呢？日子长了，很多人都以为他是说谎。

　　张僧繇被逼得没有办法，不得不答应给龙"点睛"。这一天，寺庙前聚集了很多人，张僧繇当着众人的面，提起画笔，轻轻地给两条龙点上眼睛。这时，奇怪的事情发生了，他刚点过第二条龙的眼睛，突然间天空乌云密布，狂风四起，电闪雷鸣。在雷电之中，人们看见两条龙凌空而起，张牙舞爪地飞向了天空。人们被吓得目瞪口呆，一句话也说不出来。

过了一会儿，云散天晴，人们再看看墙上，两条被"点睛"的龙无影无踪，只剩下了两条没有点上眼睛的龙。

成语"画龙点睛"出自唐朝的张彦远《历代名画记·张僧繇（yáo）》，原形容张僧繇作画的神妙，后来比喻人们写文章或讲话时，在关键处用精辟的语言点明要旨，使内容生动有力。

当然，世上本无龙，画的龙更不会腾飞。但这则寓言告诉了我们一个道理：绘画只要抓住最关键的地方着意刻画，就能使整个形象神采奕奕，生动活泼。如同画龙一样，我们做任何事情都要抓住重点，而不能"眉毛胡子一把抓"地把重点丢弃，或者只是专注于非重点。唯物辩证法告诉我们，在复杂事物的发展过程中，存在着许多矛盾，其中必有一种矛盾，它的存在和发展决定或影响着其他矛盾的存在和发展。这种在事物发展过程中处于支配地位、对事物发展起决定作用的矛盾，就是主要矛盾。其他处于从属地位、对事物发展不起决定作用的矛盾，则是次要矛盾。主要矛盾和次要矛盾相互依赖，相互影响，并在一定条件下相互转化。这一原理要求我们坚持两点论和重点论的统一，集中主要力量解决主要矛盾，同时不可忽视次要矛盾。画龙要画龙头、龙身、龙爪等部分，但是，必须抓住主要矛盾即"点睛"，只有这样，方能使龙"腾活"起来。

讳疾忌医

内因与外因的辩证统一

　　春秋时期，蔡国有个著名的民间医生，名叫秦越人。

　　有一次，他来到一个国家，见一个人死了，尸首已停放了好几天。他询问了病人临死前的症状，断定这是假死，还能救活。于是先给病人扎了针，然后灌下药。稍候片刻，这个死人居然活了过来。人们见他有起死回生之术，便以传说的黄帝时代的神医扁鹊之名称之。久而久之，他的真名却被人们忘记了。

　　蔡国国君蔡桓公听说自己的国家出了如此赫赫有名的人物，很想见见，便命人布告四方。扁鹊见到布告，忙回国晋见蔡桓公。他款步入厅，来到蔡桓公面前，见蔡桓公的面色不好，便直率地说："主公有病，病在皮肤。若不及时医治，恐怕要严重起来。"蔡桓公一听，便有些不快，摇头说："我身体很好，没有病。"扁鹊走后，蔡桓公对身边的人说："这些当医生的，就是喜爱功利。明明你没有病，他偏说你有病，好显示他的医术高明。"

　　过了十天，扁鹊再去看望蔡桓公。蔡桓公正坐在御园中玩赏。扁鹊来到桓公面前，看着他的脸色，忧郁地说："主公有病，病在肌肉。若不抓紧医治，将会更加厉害。"蔡桓公心里十分不乐，扭转头，竟是不理。扁鹊只好退了出来。

又过了十天，扁鹊再去看望蔡桓公。他看到蔡桓公的面色灰暗，焦急地说："主公有病，病在肠胃。若再不医治，就危险啦！"蔡桓公听后，勃然作色，连连摇头："见鬼，我哪来什么病！"扁鹊十分惋惜，喟然长叹，摇头而去。

又过了十天，扁鹊第四次来看望蔡桓公。他只看了蔡桓公一眼，二话不说，掉头就走了。蔡桓公心里好生纳闷，就派人去问扁鹊："您去看望大王，为什么掉头就走呢？"扁鹊痛心地说："有病不怕，只要及时治疗，一般的病都会慢慢好起来。怕只怕有病说没病，不肯接受治疗。病在皮肤，可用药水热敷；病到肌肉，可用针灸治疗；病入肠胃，可用汤药；现在主公病入骨髓，只能听天由命，我无可奈何了。所以，不敢再请求为主公治病。"

又过了五天，蔡桓公突然浑身疼痛难忍。他看情况不妙，赶紧派人去请扁鹊来治病。但是，怎么也找不到扁鹊，原来扁鹊已经到秦国为人治病去了。

没过几天，蔡桓公便在病痛中挣扎着死去了。

成语"讳疾忌医"就是由此而来。它的意思是：明明有病，还不肯承认，不愿意医治。比喻怕人批评而掩饰自己的缺点和错误。在人的一生中，疾病是难免的，一旦患病，就应求助于医生利用各种医疗手段治疗。生命只有一次，在人生旅程中，讳疾忌医是最危险的大敌！蔡桓公"讳疾忌医"的表现，一是不承认或不知道自己有病；二是怀疑医生的真诚和医德，拒绝治病。同理，在人的一生中，缺点和错误也是难免的，一旦有了缺点或犯了错误，就应接受来自各方面的帮助，包括批评。只有承认缺点和错误，及时发现，及时改正，才能进步发展，才能走向成功。

从这个成语典故中，我们还可解读出如下哲学道理：

任何事物都是变化发展的，人的病情与其他任何事物一样，不是静止不变的，而是不断变化发展的。人既然患病，就应及时医治。如果讳疾忌医，一误再误，以致病入骨髓，变成不治之症，就悔之晚矣。人既然犯下错误，就应敢于正视，及时改正。如果固执己见，拒绝批评帮助，任其发展，后果就会不堪设想。

任何事物的变化发展都是量变和质变的辩证统一。量变和质变是事物变化发展的两种状态。量变是质变的必要准备，质变是量变的必然结果。既然量变是质变的必要准备，那么，我们就应重视量的积累，对于促使事物向坏的方面变化的量变，要防微杜渐。"讳疾忌医"的故事最早见于韩非子的《韩非子·喻老》。这部书不是纪实，重在论理。这个故事的要点不在蔡桓公，也不在扁鹊，而是为防微杜渐的基本观点起兴明理。在这个故事中，韩非子借用扁鹊的神医身份，是为了证明人的疾病从皮肤发展到骨髓的过程往往令人无从察觉，但又可以致命，以说明"飓风起于青萍之末"的道理；借用一代霸主蔡桓公来佐证人们常会疏于防微杜渐而留下祸患，即使英明君主亦在所难免。

任何事物的变化发展都是内因与外因的辩证统一。内因，即事物的内部矛盾；外因，即事物的外部矛盾。任何事物的变化发展都是内因与外因共同作用的结果。内因是事物变化的根据，是第一位的原因；外因是变化的条件，是第二位的；外因只有通过内因才能起作用。外因对事物变化发展所起的作用，体现在对事物内部矛盾的影响上，也就是通过促使矛盾双方的状况发生变化，促进事物向前发展。扁鹊的医术出神入化，可谓"望而知之"的神医。但是，蔡桓公敢于正视自己的疾病，主动就医，才是内因，是第一位的，起着决定性的作用；扁鹊具有起死回生的高超医术，对于蔡桓公而言，只是外因，是促使蔡桓公的病情向好的方面转化的条件；外因必须通过内因才能起作用，蔡桓公"讳疾忌医"，不承认和拒绝医治自己的疾病，扁鹊的医术再高超也于事无补。

时过境迁，社会的发展虽然已经到了21世纪，然而，蔡桓公的悲剧并没有谢幕。在现实生活之中，讳疾忌医的现象依然相当普遍，有的已经酿成严重的后果。例如，有的企业拒绝政府部门对产品质量的监督抽查，便是典型的讳疾忌医。产品质量问题从来就不是企业自己的事情，它不仅直接关系到消费者的权益，也与其他企业的利益、市场秩序乃至整个社会的发展密切相关。任何企业都不能保证自己的产品永远不出问题，就像任何人都不可能永远不生病一样。既然"质量是企业的生命"，那么在产品质量方面有病治病就是常识。就算暂时没感到不舒服，检查一下身体，也是正理。企业只有接受"查病治病"的义务，而无拒绝"查病治病"的权利。企业拒绝政府部门的监督抽查，说到底是其法律意识淡漠、质量意识不强的表现。企业若不尽快改变这种观念，即使能够一时侥幸逃过政府部门的监督抽查，最终也难逃市场的惩罚。在产品质量问题上，企业讳疾忌医，拒绝政府部门的监督抽查，是损人而不利己，有百害而无一利。2008年"三鹿奶粉"事件所造成的震荡不就是一个典型的例证吗？让我们更新观念，变得聪明起来，再也不干"讳疾忌医"的蠢事！

兼听则明

矛盾分析法是认识和改造世界的根本方法

　　有一次，唐太宗问宰相魏征："我作为一国之君，怎样才能明辨是非，不受蒙蔽呢？"

　　魏征回答说："作为国君，如果只听得一面之词，那就会作出错误判断而把事情办错。只有广泛听取意见，采纳正确的主张，才能不受欺骗。"

　　接着，魏征列举了历史上的众多事例，说："秦二世偏信赵高，而招来望夷之祸；梁武帝偏信朱异，而自取台城之屏；隋炀帝偏信虞世基，而导致彭城阁之变。相反，如果多了解一些情况，多听取些意见，就可以避免一些损失。比如，尧帝经常询问百姓，就掌握了有苗所干的坏事；舜帝因经常了解下情，就知道了共、鲧等人的罪过。因此，聪明的君王不能堵塞言路。"

　　从此，唐太宗十分注意听取群臣的谏言，鼓励群臣直言进谏。

　　魏征去世后，唐太宗悲痛地说："用铜做镜子，可以看出衣帽穿着是否整齐；用历史做镜子，可以明白各个朝代为什么会兴起和没落；用人做镜子，可以清楚自己与别人的差距和得失。今天魏征不在了，我真是失掉了一面好镜子啊！"

成语"兼听则明"是从魏征劝告唐太宗的话演变而来的。在这个成语典故中，我们可以看到，魏征非常懂得"坚持全面地看问题"的道理。

任何事物都包含着既相互对立而又相互统一的两个方面，即任何事物都是一分为二的。矛盾的观点，也就是全面的观点或一分为二的观点，是唯物辩证法的根本观点。认识世界就是认识矛盾，改造世界就是解决矛盾。坚持矛盾的观点，也就是要坚持矛盾分析法。矛盾分析法，是我们认识和改造世界的根本方法。

坚持矛盾分析法，在我们认识事物的时候，要从实际出发，实事求是地观察、分析事物的本质及规律；在我们了解情况、听取别人的意见的时候，同样要从实际出发，认真地听取各方面的意见。由于客观事物的发展过程是非常复杂的，事物本质的暴露需要一定的时间和过程。人们对于任何事物的认识，都只能是对它发展的一定规模、一定程度的认识；就人本身来说，每个人的经历、学识、性格特点、兴趣爱好以及看问题的角度和方法等都会有所不同，所以在认识上也会产生差异；即使是对同一个问题的认识，也可能出现众多不同的看法。对于故意歪曲事实、完全脱离实际的认识，我们应坚决摒弃，但对于基于上述特点而形成的不同看法和意见，则要进行认真的具体分析。我们要全面地分析各种不同的意见，再联系实际进行调查研究，绝不能仅凭自己主观上的好恶而乱下结论。唐太宗听取魏征"兼听则明，偏信则暗"的劝诫，从谏如流，才换来了唐朝初年的"贞观之治"。

"兼听则明，偏信则暗。"在今天信息社会里，我们更应全面地系统地分析问题，绝不能片面地看问题。

对症下药

坚持对具体问题作具体分析

华佗是东汉末年著名的医学家，医术高明，诊断准确，在我国医学史上享有很高的地位。他给病人诊疗时，能够根据不同的情况，开出不同的处方。

有一次，州官倪寻和李延一同到华佗那儿看病，两人诉说的病症相同：头痛发热。华佗分别给两人诊了脉后，给倪寻开了泻药，给李延开了发汗的药。

两人看了药方，感到非常奇怪，问："我们两人的症状相同，病情一样，为什么吃的药却不一样呢？"

华佗解释说："你俩相同的只是病症的表象，倪寻的病是内部伤食引起的，而李延的病是外部受寒引起的。两人的病因不同，我当然得对症下药，给你们用不同的药治疗了。"倪寻和李延服药后，没过多久，病就痊愈了。

"对症下药"这一成语用来比喻要善于区别不同的情况，正确地处理各种问题。与"对症下药"具有同一寓意的成语还有"量体裁衣""因材施教""因地制宜""因时制宜""与众不同""南橘北枳"等。其中"量体裁衣"的典故说的是：

从前，北京有个缝衣匠，在给人们做衣服时，不仅要量做衣人的身高、胖瘦，而且还要仔细观察和询问做衣人的年龄、相貌、性情，甚至连什么时候中举都要了解清楚。人们对此感到非常奇怪，问其缘由。他便讲了一番裁衣的"短长之理"：体胖的腰要宽，体瘦的腰要窄；性急的衣窄短，性慢的衣宽长；少年中举的，一般会趾高气扬，走起路来挺胸悬肚，所以衣服要做得前长后短；老年人中举的，大部分人是意气消沉，走起路来不免弯腰曲背，所以衣服要做得前短后长。

我们不能不佩服这位缝衣匠的高明，其高明之处在于他能够根据不同人的具体情况，剪裁出不同的衣服。"量体裁衣"与"对症下药"一样，都体现了"坚持对具体问题作具体分析"的哲学道理。

唯物辩证法告诉我们，任何事物的矛盾都是普遍性和特殊性的辩证统一。矛盾的普遍性和特殊性相互联结，并在一定条件下相互转化。矛盾的普遍性和特殊性辩证统一的原理，要求我们必须坚持对具体问题作具体分析。

所谓对具体问题作具体分析，是指在矛盾普遍性原理的指导下，具体分析矛盾的特殊性，并找出解决矛盾的正确方法。对具体问题作具体分析是马克思主义的一个重要原则，是马克思主义的活的灵魂。

对具体问题作具体分析，是我们正确认识事物的基础。世界上一切事物之所以千差万别，就在于各种事物内部的矛盾各有其特殊性，这种特殊性规定了一事物区别于其他事物的特殊本质。只有从实际出发，具体分析矛盾的特殊性，才能把不同质的事物区别开来。如果离开了对矛盾特殊性的具体分析，就无法区分事物，也就谈不上正确地认识事物。

对具体问题作具体分析，是我们正确解决矛盾的关键。我们认识矛盾的目的是为了正确解决矛盾。事物的矛盾各不相同，决定了解决矛盾的方法也不可能千篇一律。只有对具体问题作具体分析，把握事物矛盾的特殊性，才能找到解决矛盾的正确方法。"对症下药""量体裁衣"，就是运用不同质的方法解决不同质的矛盾。

一叶障目

坚持用全面的观点看问题

成语"一叶障目"出自《鹖（hé）冠子·天则》："一叶蔽目，不见泰山；两豆塞耳，不闻雷霆。"

从前，楚国有个书生，家里贫穷，很想找到一条发财的门路。有一天，他正在看书，忽然看到书上写着："如果得到螳螂捕捉蝉时用来遮身的那片叶子，就可以把自己的身体隐蔽起来，谁也看不见。"他想："如果我能得到那片叶子，那该多好呀！"从这天起，他对书本上所说的信以为真，整天在树林里转来转去，寻找螳螂捉蝉时藏身的树叶。

有一天，书生终于看到了一只螳螂躲在一片树叶后面正准备捕蝉，兴奋极了，猛一下扑上去摘下那片树叶。可是，由于他太激动，一不小心那片树叶掉下来，与满地的落叶混在了一起，再也辨认不出来了。他呆了一会，拿来一只簸箕，把地上的落叶全都收拾起来，带回家去。

回到家里，他想："怎样从这么多树叶中拣出可以隐身的那片叶子呢？"他决心一片一片地试验。于是，他举起一片树叶，问他的妻子说："你能看得见我吗？"

"看得见。"妻子回答道。"你能看得见吗？"他又举起一片树叶说。"看得见。"妻子耐心地回答。他一次次地问，妻子一次次地答。到后来，妻子厌烦了，随口答道："看不见啦！"书生一听，乐坏了。

书生拿了这片树叶，来到街上，用树叶挡住自己，当着店主的面，伸手取了店里的东西转身就走。店主惊奇极了，将其抓住，送进官府。

县官听完陈述后也觉得很奇怪，居然有人敢在光天化日之下拿他人的东西，便问他究竟是怎么回事，书生老老实实地说明了原委。县官忍住笑，说："你真是一叶障目，不见泰山呀！"

"一叶障目"以及"管中窥豹""管窥蠡（lí）测"等，都是用片面的观点看问题，违背了唯物辩证法全面的观点或矛盾的观点。"一叶障目，不见泰山"原指一片树叶挡住了眼睛，连面前高大的泰山都看不见。后比喻为局部的、暂时的现象所蒙蔽，看不到事物的全局、本质和主流。

唯物辩证法主张用全面的观点看问题。它认为任何事物都包含着矛盾，所以要从矛盾的两个方面看问题，坚持全面性，克服片面性。形而上学则主张用片面的观点看问题。它否认矛盾，片面强调事物的一个方面，陷入片面性和绝对化。

唯物辩证法与形而上学最根本的分歧，就在于是否承认矛盾，是否承认事物的内部矛盾是事物发展的源泉。唯物辩证法认为，矛盾是事物发展的动力，事物的内部矛盾是事物变化发展的根本原因，因而能够用联系的、发展的、全面的观点去观察事物。形而上学根本否认事物内部矛盾的存在，把事物变化的原因归结为外部力量的推动，当然就看不到事物的联系、变化和发展。

唯物辩证法认为，联系、发展、矛盾三者是辩证统一的。联系、发展和矛盾，都以物质为载体或主体。物质世界是普遍联系的，又是永恒发展的。联系的根本内容是矛盾，发展的根本动力也是矛盾，没有矛盾就没有世界。

联系构成事物的变化发展，事物内部诸要素之间以及事物与事物之间的相互影响、相互作用，推动着事物的变化发展。发展是过程的联系，是新旧事物的联系。联系构成事物的变化发展，发展体现事物的联系。

矛盾是事物联系的根本内容，也是事物发展的源泉和动力。正是矛盾双方对立统一，才推动事物的运动、变化和发展。矛盾观点是唯物辩证法的根本观点，矛盾分析法是唯物辩证法的根本方法。

唯物辩证法的根本观点是承认矛盾，主张用联系、发展、全面的观点看问题。形而上学的根本观点是否认矛盾，主张用孤立、静止、片面的观点看问题。

囫囵吞枣

辩证否定的实质是"扬弃"

战国时期，吴国有个自作聪明的人。

有一天，一位客人向别人介绍水果的吃法时说："吃生梨对人的牙齿有好处，但对人的脾脏却有坏处；吃生枣则恰恰相反，对人的脾脏有好处，但对人的牙齿却有坏处。"

这时，这个自作聪明的人说："我有一个好办法，可以解决这个矛盾。"人们纷纷询问他有何好方法。

这人得意洋洋地说："吃梨时，只用牙齿咀嚼，不吞下去，这样既可以使生梨对牙齿起到保护作用，又能避免对脾脏的损伤；而吃枣时不用牙齿咬，囫囵地吞下去就是了，这样，既可以使枣儿对脾脏有好处，又不会伤害牙齿。"

客人听了反问道："把枣儿囫囵吞下去能消化吗？对人的脾脏有好处吗？"

这个自作聪明的人听了以后哑口无言。

"囫囵吞枣"亦作"浑沦吞枣"，原意为把整个儿枣子吞咽下去，不加咀嚼，不辨滋味。现多比喻在学习上食而不化，不加分析，生吞活剥。

唯物辩证法认为，任何事物都包含肯定和否定两个方面，肯定和否定是对立统一的。

肯定和否定是相互对立的，肯定方面是维持事物存在的方面，否定方面是促使事物走向灭亡的方面。

肯定和否定是相互依赖的，二者互为前提，无肯定即无否定，无否定即无肯定。吃梨与吃枣乃至世界上的任何事物都有利有弊，这是客观的，是不以人的主观意志为转移的。

肯定和否定是相互渗透的，二者相互包含，肯定之中有否定，否定之中有肯定。在一定条件下，肯定与否定两个方面可以向自己相反的方面转化。当肯定方面处于支配地位时，事物就保持自身的存在和原有的性质；一旦否定方面在斗争中取得支配地位，事物就转化为自身的对立面，达到自我否定，实现对自身的否定。因此，我们既要正确认识吃梨与吃枣对人的利弊，又要采取有效措施兴利除弊。

辩证的否定，是事物自身的否定，即自己否定自己，自己发展自己。辩证的否定是发展的环节，是激发新事物产生和促使旧事物灭亡的根本途径。辩证的否定是联系的环节，在新事物产生与旧事物灭亡的过程中，新事物总是汲取、保留和改造旧事物中积极的因素作为自己存在和发展的基础。

辩证的否定实质就是"扬弃"。辩证的否定既不是简单地肯定一切，也不是简单地否定一切；而是既有肯定又有否定，既有克服又有保留：克服的是旧事物中过时的消极的内容，保留的是旧事物中积极的合理的因素。

对任何事物，我们都必须既克服又保留，兴利除弊。如果"囫囵吞枣"，简单地全盘肯定或否定一切，只能惹人发笑。

出奇制胜

树立创新意识是唯物辩证法的基本要求

　　成语"出奇制胜"源自《孙子·势》篇："凡战者，以正合，以奇胜。故善出奇者，无穷如天地，不竭如江河。"

　　田单是齐王的远房宗亲。这一年，齐国的邻国——燕国派大将联合其他几个国家一同进攻齐国，攻下了齐国的都城临淄，田单带领家人逃到了即墨城。不久，燕军又来进攻即墨城。即墨城中的守军将领在与燕国交战时阵亡，大家便拥立田单为守城的大将军。

　　为了打败敌军，聪明的田单想出了一个计谋。他先叫城内的商人拿着金银珠宝偷偷送给燕军首领，假装投降说："即墨城的守军兵力不够，快要投降了。这些珠宝献给你们，请求大人入城之后放我们一条生路。"燕军首领一听，以为即墨城的守军已经准备投降，一高兴就放松了警戒。

　　田单认为反攻的时机到了，他在城里挑选了一千头牛，并将它们都披上五彩斑斓的纹衣，双角绑着锐利的尖刀，尾巴上束着浸透油脂的草。在一个月黑风高的夜晚，田单一声令下，士兵们用火把点着牛尾巴上的草。

这一千头牛被火烧痛之后，拼命往前跑，而五千精兵紧随其后杀出，城里的人乘机擂鼓呐喊，与城外的喊杀声汇合成惊天动地的声浪。燕军从睡梦中惊醒，看到这一大群五彩怪兽，吓得惊慌失措，四处乱逃，大多被牛撞死、踢死或被齐兵砍死。田单乘胜追击，最后收复了被燕军占领的七十多座城池。

"即墨之战"是中国历史上著名的"出奇制胜"的战例。出奇制胜，意为出奇兵或奇谋战胜敌人，比喻用对方意料不到的方法取得胜利。

树立创新意识是辩证法的发展观的基本要求。世界上的一切事物都是变化发展的，静止不变的事物是不存在的。发展的实质是新事物的产生和旧事物的灭亡，而创新是实现新事物代替旧事物的根本途径。因此，辩证法的发展观要求我们坚信新事物必然战胜旧事物，树立创新意识，促进新事物的成长壮大。

树立创新意识是辩证否定观的基本要求。辩证的否定，是事物自身的否定，是发展和联系的环节。辩证的否定，是既有肯定又有否定，既有克服又有保留。辩证否定的实质就是"扬弃"。辩证的否定观要求我们必须树立创新意识，做到不唯上，不唯书，只唯实。

树立创新意识与辩证法的革命批判精神是联系在一起的。创新是对既有理论和实践的突破，要创新就要有批判和发展。辩证法的革命精神和批判思维要求我们密切关注变化发展的实际，敢于破除落后的与实际不相符合的成规陈说，敢于破除落后的思想观念；正确把握新常态，注重研究新情况，善于提出新问题，敢于寻找新思路，确立新观念，开拓新境界，这是我们事业取得成功的关键。

　　出奇制胜蕴含着创新，只有创新才能出奇制胜。不仅战争贵在创新，出奇制胜，做任何事都不可或缺出奇制胜、大胆创新。请看这样一则事例：宋代时期，宣和画院以诗句"野水无人渡，孤舟尽自横"为考题，命应试者作画。有的人画一只空船系于柳岸，有的人画一只鹭鸶栖于篷背，不一而足。他们扣住诗句的题眼着意渲染，但无任何新意。一位画师夺魁的作品则是：一位船夫卧于船尾，持一短笛，任小船在水中漂荡。不难看出，夺魁者的成功就在于突破了思维定势，运用逆向思维来立意构图，即以没有渡客来反衬寒江旷野中船夫的悠闲孤寂，切中了诗句中"无人"的真正含义。可见，在艺术创作中，一个好的创意，可以获得出奇制胜的效果。

　　立开拓创新之魂，以经天纬地之才，建出奇制胜之功，正是王者独具一格的风采！

后来居上

创新是民族进步的灵魂

成语"后来居上"出自《史记·汲郑列传》："陛下用群臣，如积薪耳，后来者居上。"

汉武帝的时候，汲黯、公孙弘和张汤三人同为朝臣。汲黯以刚直正义、敢讲真话而受人尊重。他为人和做官都不拘小节，讲求实效。因此，朝廷把他从东海太守任调到朝廷当主爵都尉。这时，公孙弘、张汤都还是不起眼的小官。可是，由于公孙弘、张汤为人处世恰到好处，加上政绩显著，他们一步一步地被提拔起来。公孙弘拜为相国，张汤升到了御史大夫，两人官职都排在了汲黯之上。

有一天，文武大臣们陆续退朝后，汉武帝慢步踱出宫，正朝着通往御花园的花径走去。汲黯赶紧趋步上前，对汉武帝说："陛下，有句话想说给您听，不知您是否感兴趣？"

汉武帝回身停下，说："不知是何事，不妨说来听听。"

汲黯说："陛下见过农夫堆积柴草吗？他们总是把先搬来的柴草铺在底层，后搬来的反而放在上面。"

汉武帝有些不解地说："你说这些是什么意思呢？"

汲黯说："公孙弘、张汤那些小官，论资历都在我之后，可他们后来居上，官职都比我高多了，陛下提拔官吏不是正和那堆放柴草的农夫一样吗？"

成语"后来居上"原指资格浅的反而在资格老的之上，后用来表示后来的人或事物可以超过先前的人或事物。汲黯认为提拔人才一定要论资排辈，反对"后来居上"。这是不可取的。

世界上的一切事物都是变化发展的，发展的实质是新事物代替旧事物。而辩证的否定是发展的环节，是实现新事物产生和促使旧事物灭亡的根本途径。这就要求我们以批判精神和创新意识对待周围的世界，解放思想，实事求是，开拓创新，与时俱进。在此意义上，"后来居上"，就意味着事物的发展，就意味着新事物代替旧事物。这是事物发展的必然趋势和客观规律。

创新是民族进步的灵魂。创新的社会作用主要体现在以下方面：

创新能够推动社会生产力的发展。迎接未来科学技术的挑战，最重要的是要坚持创新，勇于创新。"科学的本质就是创新"。科学技术的每一进步都是通过创新实现的。创新更新了人们的生产工具和生产技术，提高了劳动者的素质，开辟出更广阔的劳动对象，推动了社会生产力的发展。

创新能够推动生产关系和社会制度的变革。实践基础上的理论创新是社会发展和变革的先导。我们在发展过程中，应该通过理论创新推动制度创新、科技创新、文化创新以及其他各方面的创新，不断在实践中探索前进，永不自满，永不懈怠。

　　创新能够推动人类思维和文化的进步。思维方式的变化，归根到底是由人的实践方式决定的。人类文化的发展是通过创新实现的，中国特色的社会主义文化也不例外。

　　任何社会的进步和发展，归根到底都与创新密切相关。创新是一个民族进步的灵魂，是一个国家兴旺发达的不竭动力。创新是时代的引擎，是社会发展的动力。因此，没有"后来居上"，没有创新，也就没有事物的发展。

井底之蛙

创新，必须解放思想，开拓新境界

　　一口废井里住着一只青蛙。有一天，青蛙在井边遇见了一只从东海而来的大鳖。青蛙对大鳖心满意足地吹嘘起自己的惬意："你瞧，我住在这儿多么快乐呀！有时高兴了，就在井栏边跳跃一阵；疲倦了，就从井栏上蹦进浅井，在井壁的缝隙里小憩。在井水里游玩，只留出头和嘴巴，安安静静地把全身泡在水里；在软绵绵的泥浆里漫步，舒适极了。看看周围的红虫、小螃蟹，它们谁也比不上我自由自在。"

　　井蛙喋喋不休地夸耀自己的安乐："我是这个井里的主人，独自享受这口井儿，自由自在，真是快乐极了。你为什么不常常到井里来游览观光呢？"

　　那海鳖听了青蛙这番洋洋得意的夸耀，经受不住诱惑，真想到井里去看一看。谁知它的左足还没伸进去，右足却被井栏绊住了。它连忙后退了两步，对青蛙说："你看过海吗？海的辽阔，哪止千里；海的深度，何止万尺。在大禹时代，十年中有九年遭水灾，海水也并不因此而上涨；商汤时代，八年中有七年遇旱灾，海水也并不因此而下降。可见，大海是不受旱涝影响的。这就是我栖息在东海的乐趣！"

小小井蛙听了大海鳖的一番话，吃惊地瞪着圆圆的小眼睛，满脸涨得绯红，羞愧得一句话也说不出来⋯⋯

青蛙长期栖息于井底，因此会认为世界就是这口井。"井底之蛙"是讽刺那些把局部当作整体、见识短浅的人。人们的生存环境会影响人们的思想认识。创新，必须解放思想，开拓新境界。只有走出狭隘的小天地，开阔眼界，才能解放思想，开拓创新；自以为是、自鸣得意，往往是闭关自守、孤陋寡闻的结果。"山外有山，楼外有楼。"人的认识既是有限的，也是无限的。只有跳出狭隘的空间限制，才会海阔天空。如果做"井底之蛙"，坐井观天、见识短浅，却又妄自尊大、骄傲自满，只会贻笑大方。

创新，首先要树立创新意识，做到不唯上，不唯书，只唯实。创新是人类活动的本质特征。人类活动的创新存在并表现于人类最基本的活动形式——实践活动——之中。书本是传播知识的载体，是人类进步的阶梯，但任何书本知识都需要不断丰富和发展，谁也不可能"一眼望穿天下事，一书写尽天下理"。权威往往比普通人更能准确地揭示事物的本质和规律，但任何权威都不可能永远正确，永远不犯错误。因此，我们不仅要尊重书本知识，尊重权威，还要立足实践，解放思想，实事求是，与时俱进，不断实现理论和实践的创新与发展。解放思想同实事求是、与时俱进是统一的。只有坚持实事求是的辩证唯物主义世界观和方法论，人们才能具有敢闯敢试敢冒险的精神状态，才能勇于冲破习惯势力和主观偏见的束缚，研究新情况，解决新问题，才能不唯上，不唯书，只唯实，使我们的思想认识和客观实际相符合。

创新，必须树立辩证法的革命批判精神。辩证法的革命批判精神和创新意识是紧密联系在一起的。创新是对既有理论和实践的突破，要创新就要有批判和发展。辩证法的革命精神和批判性思维要求我们要密切关注变化发展着的实际，敢于突破与实际不相符合的成规陈说，敢于破除落后的思想观念，正确把握新常态，注重研究新情况，善于提出新问题，敢于寻找新思路、确立新观念、开拓新境界。这是我们事业不断取得成功的关键。

创新，必须坚持解放思想、实事求是、与时俱进，大力弘扬以爱国主义为核心的民族精神和以改革创新为核心的时代精神，在全社会培育创新意识，倡导创新精神，完善创新机制，发展创新文化。

让我们以马克思的一段名言自勉："伟人们之所以看起来伟大，是因为我们跪着。站起来吧！"

认识揭秘

实践是人们改造客观世界的物质性活动。实践是认识的基础，对认识具有决定作用；认识对实践具有反作用，科学理论对实践具有指导作用。真理是人们对客观事物及其规律的正确反映。人类在实践中认识和把握世界的过程，也就是追求真理的过程。与时俱进，开拓创新，在实践中认识和发现真理，在实践中检验和发展真理，是我们不懈的追求和永恒的使命。

为真理而生，为真理而死——这是古希腊哲学大师苏格拉底的人生追求。公元前399年，当雅典城邦政府因苏格拉底"不敬雅典正神""散布邪说败坏青年"判处其死刑时，他选择了饮鸩而亡。面对死神，他仍然坚定地说："只要我还活着，还有力量，我就永远不会放弃哲学。"

胸有成竹

实践是认识的唯一来源

　　"胸有成竹"的典故出自北宋苏轼的《文与可画筼筜（yún dāng）谷偃竹记》。它说的是：

　　北宋画家文同，字与可。他画的竹子远近闻名，每天总有不少人登门求画。文与可画竹的秘诀是什么呢？原来，文与可在自己家的房前屋后都种上了各种各样的竹子。无论春夏秋冬，阴晴风雨，他经常去竹林观察竹子的生长变化情况，琢磨竹枝的长短粗细，叶子的形态和颜色。每当有新的感受时，他就回到书房，铺纸研墨，把心中的印象画在纸上。日积月累，竹子在不同季节、不同天气、不同时辰的形象都深深地印在他的心中，只要凝神提笔，在画纸前一站，平日观察到的各种形态的竹子立刻浮现在眼前。所以每次画竹，他都显得非常从容自如，画出的竹子，无不逼真传神。当人们夸奖他的画时，他总是谦虚地说："我只是把心中琢磨成熟的竹子画下来罢了。"

　　有位青年想学画竹，得知诗人晁补之对文与可的画很有研究，前往求教。晁补之写了一首诗送给他，其中有两句："与可画竹，胸中有成竹。"

成语"胸有成竹"由此而来，比喻做事之前已做好充分准备，对事情的成功已有了十分的把握；又比喻遇事不慌，十分沉着。

文与可"经常去竹林观察竹子的生长变化情况，琢磨竹枝的长短粗细、叶子的形态和颜色。每当有新的感受时，他就回到书房，铺纸研墨，把心中的印象画在纸上"，这体现了"实践是认识的唯一来源"的哲学道理。

实践是人们改造客观世界的物质性活动。实践是认识的基础，实践对认识具有决定作用。实践对认识的决定作用体现在以下方面：实践是认识的唯一来源，实践是认识发展的动力，实践是检验认识的真理性的唯一标准，实践是认识的目的和归宿。

实践是认识的唯一来源。认识是主体对客体的能动的反映，这种反映只有在实践中、在主体和客体的相互作用中才能完成。在实践活动中，人们借助于一定的工具作为手段，同客观物质对象发生关系，使客观对象发生某种改变，并从中获得对客观事物的认识。毛泽东说："你要知道梨子的滋味，你就得变革梨子，亲口吃一吃。"同理，你要画好竹，首先就必须了解竹，认识竹，也就是要深入实践，"观察竹子的生长变化情况"。唯有如此，才能做到"胸有成竹"。当然，实践也离不开人的思维，"琢磨竹枝的长短粗细、叶子的形态和颜色""把心中的印象画在纸上"，都属于人的思维活动，是人脑对于来自实践的第一手材料进行加工制作的过程。因此，认识只有在实践中、在主体和客体的相互作用中才能完成。

成语"不入虎穴，焉得虎子"也蕴含着"实践是认识的基础，实践是认识的唯一来源”的哲学道理。

　　东汉时，班超跟随奉车都尉（官名）窦（dòu）固和匈奴打仗，屡建战功，后被汉明帝派遣出使西域。班超一行首先到了鄯（shàn）善国，欲与其建立友好的邦交关系。鄯善王对班超一行十分热情，作为上宾款待。可是过了几天，国王的态度变得越来越冷淡。班超察觉后，就召集起随行人员，说：“鄯善王对我们越来越冷淡，一定是匈奴派人来笼络他，使其踌躇。聪明人要在事情还没有萌芽的时候就发现它，何况现在事情已经很明显了。”

　　经过打听，果然是这样。于是，班超又约见随行人员，说：“我们现在的处境很危险，匈奴使者才来几天，鄯善王就对我们这么冷淡。如果再过一些时候，鄯善王可能会把我们绑起来送给匈奴。你们说，这该怎么办？”大家也想不出什么好办法，但都纷纷表示：“不管是生是死，我们都听您指挥！”班超斩钉截铁地说：“不入虎穴，不得虎子。现在唯一的办法，就是在今天夜里趁黑放火，匈奴使者不知道我们有多少人，必然恐慌，我们趁机进攻，将他们消灭掉。只有这样，我们的使命才能完成。”

　　当天夜里，班超带领了36个随从埋伏在匈奴使者的营房外，顺风放火。一时间火光冲天，喊杀声响成一片。班超领着大家冲入营房，拼力奋战，把100多个匈奴人全部消灭了。

　　第二天，班超提着匈奴使者的头颅来见鄯善王，揭露了匈奴的阴谋，又表示了汉朝愿意与其建立友好邦交的诚意。鄯善王十分佩服汉使的勇敢与智慧，心悦诚服地表示愿与汉朝建立永久友好关系。

"不入虎穴，不得虎子"后来写作"不入虎穴，焉得虎子"，其意为：不进入老虎的洞穴，怎么能捕捉到小老虎。"虎穴"就是老虎洞；"焉"是"怎样""怎么"的意思。后人引申用以比喻不亲历险境，不奋力拼搏，就不能获得成功；也用来比喻不经过艰苦的实践，就不能获得真知。毛泽东在《实践论》中说："中国人有一句老话：'不入虎穴，焉得虎子。'这句话对人们的实践是真理，对于认识论也是真理。离开了实践的认识是不可能的。"

纸上谈兵

实践是检验认识的真理性的唯一标准

　　赵奢是赵国名将，为赵国屡建战功，可是他的儿子赵括却一点也不像父亲。赵括从小读了不少兵书，谈起用兵之道往往是滔滔不绝，连父亲赵奢都不如他。于是，赵括自以为是，狂妄地认为自己在军事上已经天下无敌。然而，赵奢却常常担忧地说："日后赵国不让赵括带兵便罢，如果让他带兵打仗，那么，断送赵国前程的将一定是赵括。"

　　过了几年，赵奢去世了。这一年，秦国对赵国大举进攻，赵国派了年龄很大的将军廉颇率军迎敌。开始，赵军连连失利。在这样的情况下，廉颇改变了战略战术，下令让军队坚守城池，以逸待劳，不要主动出击，保存实力，从而拖垮秦军。结果，秦军由于远道而来，经不住廉颇的拖延，粮草渐渐接济不上，快要支撑不下去了。于是，秦军施展计谋，派人悄悄潜入赵国散布流言说："秦军谁都不怕，就怕赵括担任大将。"

　　赵王正在为廉颇在军事上毫无进展而闷闷不乐，听到外面流传的那些说法，不听他人的劝告，撤掉了廉颇，派赵括为大将来统帅军队。

　　赵括一到前线，便开始胡乱指挥起来。他完全改变了廉颇的战略战术，大量撤换将官，一时间弄得人心惶惶，军心涣散。

　　秦军得知赵军这些情况，便在深夜派一支队伍偷袭赵营，刚一交战，便佯装败走。同时，秦军派兵乘机切断了赵军的粮道。

　　赵括不知实情，还以为秦军真的是败逃。他得意地认为，取胜即在眼前，表现自己才能的时候到了。于是命令部队紧紧追击，结果，赵军追了一段路程后即被秦军伏兵拦腰截断，首尾不能相顾。然后，秦军一齐杀出，将赵军团团围住。

　　赵军被秦军围困四十多天，粮食早已吃光又没有接应，一时间军心大乱。赵括一筹莫展，满肚子的兵法也不知如何施展。眼看守下去也是活活饿死，便率军仓皇突围。可是怎敌秦军四面掩杀，哪里突得出去。结果赵括被乱箭射死，四十万赵军全军覆没。从此以后，赵国一蹶不振。

　　赵括纸上谈兵，并无真才实学，而赵王还对他委以重任，结果招致惨痛失败。看来，教条主义的危害是不可轻视的。所谓教条主义，亦称"本本主义"，是主观主义的一种表现形式。其主要特点是把书本、理论当教条，思想僵化，理论与实践相脱离，轻视实践，否认理论来源于实践，否认实践是检验认识的真理性的唯一标准；一切从书本上的定义、公式出发，而不从实际情况出发，拒绝对具体情况进行具体分析；不是把科学理论看成行动的指导，而是把某种理论、观点、教义乃至只言片语看成是千古不变的教条，到处生搬硬套；在实际工作中，不进行艰苦细致的调查研究，而是脱离实际，脱离群众。

实践是认识的唯一来源，但人们获得知识有两个主要途径：一是亲自参加实践活动而获得直接经验，二是通过学习而获得间接经验。书是知识和智慧的海洋，读书就是从这个海洋中吸取精神和思想营养，清除愚蠢。赵括从小"读了不少兵书"，获得的是间接经验，这并没有错。但仅仅学习书本知识停留在口头上的"夸夸其谈"是行不通的。认识必须运用于实践，回到实践中去，为实践服务，并接受实践的检验。赵括的悲剧不在于他熟读兵书，而在于他成了书本的奴隶。

实践是检验认识的真理性的唯一标准。实践是主观见之于客观的活动，是联系主观和客观的桥梁。人们能够把主观认识同客观事物加以比较，用实践的客观结果来检验认识是否符合客观实际。通过实践，人们可以把自己头脑中的观念的存在变为现实的存在。在这一过程中，人们把指导自己实践的认识和实践所产生的结果加以对照，从而检验认识是否正确地反映了客观事物。一般来说，以一种主观认识为指导在实践中改造客观事物，能够达到预期的目的，那就证明这种认识是正确的，否则就是错误的。

理论与实践是对立统一的。用理论指导实践，必须坚持理论与实践的具体的历史的统一。"纸上谈兵"的赵括所犯的错误就在于死啃书本，理论脱离实际，割裂了理论与实践、主观与客观的具体的历史的统一，同与时俱进背道而驰，从而一败涂地。

实干兴邦，空谈误国。在今天发展中国特色社会主义的过程中，我们要大胆进行理论创新，但决不能将理论束之高阁，停留于"纸上谈兵"，而必须将科学理论运用于实践，指导实践，并在实践中检验和发展科学理论。

学以致用

实践是认识的最终目的和归宿

成语"学以致用"的意思是为了实际应用而学习。由此我想到了一则中国古代寓言故事——屠龙妙计。这则故事说的是：

朱泙（pēng）漫是个很爱好学习的人，为了想学会一项特殊的本领，他变卖了家产，带了钱粮到远方去拜支离益做老师，跟他学屠龙技术。

转瞬三年，他学成归来。人家问他究竟学了什么，他一面兴奋地回答，一面就把屠龙的技术指手画脚地表演给大家看：怎样按住龙的头，怎样踩龙的尾巴，怎样从龙脊上开刀……大家一看都笑了，就问："什么地方有龙可杀呢？"朱泙漫这才恍然大悟，原来世间根本没有龙这种东西，屠龙的本领是白学了。

龙实际上并不存在，就算有再高超的屠龙本领，也只能落得个"英雄无用武之地"。

实践是认识的最终目的和归宿。认识从实践中来，最终还要回到实践中去。认识本身不是目的，改造世界才是认识的目的和归宿。如果正确的认识脱离实际，不能为实践服务，那么，这种认识就失去了实际意义。"屠龙妙计"的寓言故事告诉我们，学习一定要有明确的目的，要学以致用，能够解决现实生活中的实际问题。如果无的放矢，只是为学习而学习，学的东西对实际工作毫无用处，那么，学来的本领再高超，技术再精湛，也是一钱不值的。

　　著名教育家陶行知原名叫陶文浚。在大学求学时期，由于深受王守仁"知是行之始"的影响，他把自己的名字改为"陶知行"。后来，他在实践中总结出"教学做合一"的教育方法，主张从实践中、从做事中去学习真知识。有一次演讲后，有人在他征求意见的本子上写道："先生相信行是知之始，为何仍名为知行？"他看后不但不生气，反而毅然将自己的名字改为"陶行知"。后来，他还在自己的《三代》诗中说："行动是老子，知识是儿子，创造是孙子。"陶行知之所以重"行"，即重视实践，正是因为实践是认识的基础，实践是认识的目的和归宿。

三人成虎

真理的客观性

战国时代，国与国之间经常互相攻伐。为了使大家都真正能遵守信约，国与国之间通常都将太子交给对方做人质，以换取和平。《战国策·魏策》就有这样一段记载：

> 魏国大臣庞葱将要陪魏太子到赵国去做人质，临行前庞葱对魏王说："如果有一个人对您说，我看见闹市熙熙攘攘的人群中有一只老虎。君王相信吗？"
>
> 魏王道："我当然不相信。"
>
> 庞葱又问："如果有第二个人对您说街市上出现了老虎，君王相信吗？"
>
> 魏王道："我有些将信将疑了。"
>
> 庞葱紧接着追问道："如果有第三个人对您说街市上出现了老虎，君王相信吗？"
>
> 魏王道："既然这么多人都说看见了老虎，肯定确有其事，所以我不能不相信。"
>
> 庞葱就说："街市上不会有老虎，这是很明显的事，可是经过三个人一说，好像真的有老虎了。现在赵国国都邯郸与魏国国都大梁的距离，比街市与王宫的距

离远了许多，您要是听见三个或更多的人说我的坏话，
岂不是要断言我是坏人吗？临别之前，我向您说出这点
疑虑，希望君王明察才好。"

庞葱走后，一些平时对他心怀不满的人开始在魏
王面前说他的坏话。时间一长，魏王果然听信了这些谗
言。当庞葱从邯郸回到魏国时，魏王没有再召见他。

这则典故本来是讽刺魏惠王的无知，后来人们引申"三人成
虎"的成语，比喻有时谣言可以掩盖真相。

人的认识都是对客观对象的反映，其中与客观对象相符合的认
识就是真理，与客观对象不相符合的认识则是谬误。真理是标志主
观同客观相符合的哲学范畴，是人们对客观事物及其规律的正确反
映。真理最基本的属性是客观性。街市是人口集中的地方，当然不
会有老虎。这是客观真理，它并不会因传说有虎的人多了而改变。

真理的形式是主观的，而内容是客观的，真理中包含着不以
人的主观意志为转移的客观内容。由于人们的立场、观点和方法
不同，每个人的知识结构、认识能力和认识水平不同，对同一个确
定的对象会产生多种不同的认识，但是，其中只能有一种正确的
认识，即只能有一个真理。真理与谬误的界限不容混淆。毛泽东曾
说："真理只有一个，而究竟谁发现了真理，不依靠主观的夸张，
而依靠客观的实践。"真理只有一个，不存在反映同一对象的相互
矛盾的不同的真理。传说街市上有虎，显然是造谣、欺骗。但是，
当许多人这样说时，如果不是从事物真相上看问题，就会信以为
真，被谣言所蒙蔽。流言蜚语足以毁掉一个人，这就叫做"众口铄
金，积毁销骨"。不过，真理是客观的，事实胜于雄辩，事情的真
相终究会大白于天下。

真理的客观性还表现在检验真理的标准也是客观的，即检验真理的标准只能是社会实践。实践是检验认识的真理性的唯一标准。街市上是否有虎，不是由人们的传说所决定的，而是由客观事实本身所决定的。

意大利文艺复兴时期伟大的科学家伽利略改进了刚刚在荷兰发明的望远镜，并用来观察到了大量新的事实，进一步证实了哥白尼的日心说，从而激怒了宗教裁判所。1633年，罗马宗教裁判所以"反对教皇，宣传邪说"的罪名判处伽利略终身监禁。天主教法庭迫使伽利略在判决书上签字。年迈的伽利略签完字，背过身去，喃喃自语道："反正地球仍旧在转动！"表面的屈服，掩饰不了内心的真实信念。

真理终归是真理，强权无法战胜真理。"地球仍旧在转动！"这是任何人都无法否定的客观真理。在伽利略死亡350年后的1982年，他的沉冤终于得以彻底平反昭雪。

和氏之璧

追求真理是一个永无止境的过程

　　楚国人和氏在山中发现了一块璞，他把这块璞拿去奉献给厉王。厉王不懂璞中是否含有宝玉，所以把玉匠召来进行鉴定。那玉匠看了看璞，对厉王说："这是一块普通的石头。"厉王一听勃然大怒，大声喝道："好一个胆大包天的贱民，你竟敢以乱石充宝玉欺骗我！"于是，厉王命令刀斧手砍掉了和氏的左脚。

　　厉王死后，武王继位。和氏又带着那块璞进宫献给武王。武王也找了玉匠鉴定那块璞。玉匠仍然说它是一块普通的石头。武王命人砍掉了和氏的右脚。

　　武王死后，文王继位。和氏来到楚山脚下，抱着那块璞痛哭起来。一连三天三夜，和氏把泪水哭干了，眼里哭出血来。附近的村民和过路的行人见此情景都感到十分悲怆。文王很快知道了这件事，便派人到楚山来察看情况。那差官见了和氏后，问道："天下受砍脚之刑的人很多，为什么唯独你悲痛不已呢？"

　　和氏回答说："我并不是因为脚被砍断才这样悲痛，我痛心的是一块宝玉被人说成是普通的石头，一个忠心耿耿的人被说成是骗子。"

　　文王听了差官的汇报，觉得有验证和氏"璞中有玉"之说的必要，于是令玉匠用凿子把璞的表层敲掉，里面果然露出了宝玉。文王命令玉匠把玉石雕琢成璧，并起名为"和氏璧"，用以昭示和氏的胆识与忠贞。

　　这则故事的主人公和氏在两次献璞都遭受砍脚冤刑之后，仍在楚山下大哭三日以鸣其冤，体现了他为坚持真理将生死置之度外的顽强精神，其执着和忠诚实在是令人敬佩。

　　认识具有反复性和无限性。人类追求真理的过程并不是一帆风顺的。认识受到各种条件的限制。从认识的主体来看，人们对客观事物的认识总要受到具体的实践水平的限制，还会受到不同的立场、观点、方法、知识水平、思维能力、生理素质等条件的限制。从认识的客体来看，客观事物是复杂的、变化着的，其本质的暴露和展现也有一个过程。这就决定了人们对一个事物的正确认识往往要经过从实践到认识、再从认识到实践的多次反复才能完成。

　　认识的对象是无限变化着的物质世界，作为认识主体的人类是世代延续的，作为认识基础的社会实践是不断发展的，因此，人类的认识是无限发展的。追求真理是一个永无止境的过程。

　　真理是不可战胜的，但坚持和发展真理的道路是曲折的，甚至会付出生命代价。追求真理，不在于占有真理，而在于促使人们了解真理，弘扬真理，发挥真理之价值。

　　与时俱进，开拓创新，在实践中认识和发现真理，在实践中检验和发展真理，是我们不懈的追求和永恒的使命。

狐假虎威

认识的根本任务是透过现象看本质

在某个山洞中有一只老虎，因为肚子饿了，便跑到外面四处寻觅食物。在一片茂密的森林中，老虎看到有只狐狸正在散步，便扑了过去，毫不费力地将狐狸擒住了。

当老虎张开嘴巴，正准备美餐一顿的时候，狡黠的狐狸却说："哼！你不能伤害我。你要知道，我是天帝派来的，他封我当百兽之王。你要是吃了我，那就是违抗天帝的旨意，将遭到天帝极严厉的制裁与惩罚。"

老虎听了狐狸的话，半信半疑。当他看到狐狸那副傲慢镇定的样子，心里不觉一惊，原先那股嚣张的气焰和盛气凌人的态势，竟不知何时消失了大半。虽然如此，他心中仍然在想：我是百兽之王，任何野兽见了我都会害怕。而他，竟然是奉天帝之命来统治我们的！老虎虽然肚子饿得咕咕叫，但不知如何是好。

这时，狐狸见老虎犹豫不决，知道他对自己的那一番说辞已经有几分相信，于是更加神气十足地挺起胸膛，指着老虎的鼻子说："怎么，难道你不相信我说的话吗？那就让我在前面走，你在我后面跟着，看看百兽见了我，是不是都吓得魂不附体，抱头鼠窜。"

老虎觉得狐狸说得有道理，便同意了。于是，狐狸就大模大样、神气活现地走在前面，而老虎则小心翼翼、东张西望地跟在后面。

他们没走多久，就隐约看见森林的深处有许多小动物正在那儿觅食。众兽一见走在狐狸后面的老虎，不禁大惊失色，狂奔四散。

老虎目睹了这种情形，不禁心惊胆战，对狐狸佩服得五体投地。他并不知道众兽是因为畏惧自己而逃走的，还以为众兽是害怕狐狸呢！

狐狸的计谋得逞了，他完全是凭借老虎的势力来威胁百兽。而那可怜的老虎还不知道自己被狐狸愚弄了！

这则寓言故事最早记载在西汉刘向所著《战国策·楚策》中。狡猾的狐狸凭借老虎的威风在森林中吓唬别人；但是，狡诈的手法决不能改变狐狸虚弱的本质，把戏一旦被戳穿，狐狸不但受到群兽的围攻，还被老虎吞吃。

寓言是寄托着深刻思想意义的文学作品，常常用比喻、拟人等手法来说明某个道理。寓言往往带有讽刺和劝诫的性质，被称作"理智的诗"，"是穿着外衣的真理"。从哲学上来看，"狐假虎威"这则经典的寓言故事给我们的启示是：我们要正确认识事物，必须透过现象看本质。

人类诞生以来，一代又一代地从事着两项基本的活动：认识世界和改造世界。人的主观能动性之一是认识世界，而认识的根本任务是透过现象揭示事物的本质和规律。

现象与本质和规律是密不可分的，世界上没有无本质和规律的现象，也没有无现象的本质和规律。但是，现象与本质和规律毕竟具有确定的界限。现象是事物的表面特征与外部联系，它是个别的、多变的东西；本质是事物的根本性质，是同类现象中一般的东西，是事物相对稳定的内部联系；规律是事物运动过程中固有的本质的、必然的、稳定的联系。世界上的一切事物莫不以现象呈现在我们面前，无论是千里冰封、万里雪飘的北国风光，还是万山红遍、漫江碧透的南方景色；或是战争年代的炮火连天、弹痕遍地，和平岁月的潺潺流水、燕舞莺歌，都是种种可以感知的现象。现象能够为人们的感觉器官直接感知，而本质和规律只能由人的抽象思维来把握。对现象的认识有助于对本质和规律的认识，但不能代替对本质和规律的认识。认识的根本任务是透过现象揭示事物的本质和规律。

任何现象都是事物本质和规律的外在表现形式，任何本质和规律都会表现为一定的现象。而现象又分为真象与假象，它们都是事物本质和规律的外在表现。所不同的是，真象是以真实的形式来表现事物的本质和规律，假象则是以虚假的形式表现事物的本质和规律。假象也是事物本质和规律的表现，只不过是一种歪曲的、虚假的表现形式罢了。我们要正确认识事物，就必须透过现象揭示事物的本质和规律，而不能被假象迷惑。在"狐假虎威"这则寓言故事中，老虎之所以上当受骗，就在于被狐狸所制造的假象迷惑。

在人们的眼里，狐狸常常是狡猾的代名词。其实，狐狸的狡猾是一种生存智慧，这种生存智慧也就是一种聪明机智。有人认为，在"狐假虎威"这则寓言故事中，狐狸并不狡猾，而是聪明机智，具有过人的胆识和非凡的谋略，在生命危在旦夕的情况下，临危不惧，沉着冷静，应对自如，保护了自己。这实质上是在原有寓意基础上的逆向思维，是对寓言进行的一种新的分析和解读。

社会解读

　　人类社会是物质世界的高级运动形式，其发展同样存在着客观规律。探讨社会存在和社会意识的辩证关系，寻觅社会生活的本质，分析社会的基本矛盾运动，揭示社会历史发展的客观规律，明确社会历史发展的总趋势，懂得社会历史的主体，是正确认识和把握人生、实现人生价值和理想的前提。

　　人是地球上最高级的动物，人类社会是物质世界的高级运动形式。人是生活在社会中的人。叔本华说，人不忙碌就会厌倦，人永远在忙碌和厌倦之间摇摆。也就是说，人总要在生活中追求，总要寻觅社会生活的本质。

空中楼阁

社会存在决定社会意识

　　西汉时期，太原城一个土财主生性愚钝，常常干出一些让人哭笑不得的事情来。

　　有一次，他到别人家里去做客。这户人家的府第是一座三层楼的楼房，既高大威风，又宽敞壮丽。主人请土财主在第三层楼上喝茶观景，土财主觉得十分惬意。

　　土财主回到家里，马上叫人请来工匠，吩咐道："给我建楼房的第三层，越快越好！"

　　第二天，工匠们便动工修建楼房。土财主天天跑到工地上去看。头几天地基打好了。又过了几天，垒了几层砖。再过几天，砖垒高了一点。土财主想楼房都快想疯了，如今过了这么多天，他的楼房还没影子，实在等得不耐烦了，就跑去问工匠："你们这是建造的什么房子啊，怎么一点也不像我要的楼房呢？"

　　工匠们答道："不是照您的吩咐在建楼房吗？这就是第一层了。"

　　土财主又问："这么说，你们还要建第二层啰？"

　　工匠们很奇怪："当然了，这有什么问题吗？"

　　土财主勃然大怒："蠢东西。我看中的是第三层，第一、二层我都不要，你们赶快给我拆掉。"

工匠们听后，哈哈大笑说："只要最上边的那层，我们可不会造，您还是自己来吧！"

这个土财主真是可气又可笑，没有第一、二层楼房，哪来第三层楼房呢？从哲学上来看，楼房的第一、二层与第三层的关系，就好比社会存在与社会意识的关系。人类的社会生活，包括社会的物质生活和社会的精神生活。社会存在是指社会生活的物质方面，其最根本的内容是物质资料的生产方式。社会意识是指社会生活的精神方面，是人类社会中各种精神生活现象的总称，既包括风俗习惯和社会心理，也包括政治思想、法律思想、道德、科学、艺术、宗教、哲学等。

社会存在与社会意识是辩证统一的。它们的辩证关系是：第一，社会存在决定社会意识。建造楼房，首先要从平地打基础，垒砖头，一层一层地往上建。而这个富翁对建造楼房一窍不通，不要楼房的第一、二层，只要楼房的第三层，这样的"空中楼阁"是无法建造的。古语说："万丈高楼平地起。"各种各样的社会意识，包括歪曲虚假的社会意识，无论其主观色彩多么浓厚，也不管它披上何种神秘的外衣，归根到底都是对社会存在的反映。有什么样的社会存在，就有什么样的社会意识，社会存在的变化发展决定着社会意识的变化发展。当然，社会意识也具有相对独立性。从根本上说，社会意识随着社会存在的变化发展而变化发展，但它有时会落后于社会存在，有时又会先于社会存在而变化发展。第二，社会意识对社会存在具有能动的反作用。落后的社会意识，是对社会存在的歪曲反映，对社会的发展起阻碍作用；先进的社会意识可以正确地预见社会发展的方向和趋势，对社会发展起积极的推动作用。

徒劳无功

正确认识和运用社会发展的基本规律

成语"徒劳无功"比喻白白付出劳动而没有成效。《庄子·天运》说:"推舟于陆也,劳而无功。"《管子·形势》也有:"与不可,强不能,告不知,谓之劳而无功。"

孔子50岁时在鲁国做了官。他当官后,对鲁国国君不积极采纳他的主张十分失望,于是辞官,准备带着学生周游各个诸侯国,宣传自己的政治主张,希望各国的国君能支持他。

有一天,孔子准备从鲁国到卫国去。他的学生颜回问一个叫师金的人:"我的老师到处游说,劝人家接受他的主张,可是到处碰壁。这次去卫国,你估计情况怎样?"

师金摇摇头说:"还是不行。"

颜回问:"为什么?"

师金回答说:"我给你打个比方吧!船是最好的水上交通工具,车是最好的陆上交通工具。如果一个坐惯了船的人把船推到陆地上行走,那么终其一生也走不了多远。古今的差别不是就像水和陆的不同吗?周朝和鲁国不就像船和车的不同吗？你的老师想把周朝的制度推广到鲁国，这就像把船推到陆地上行走一样，不仅徒劳无功，自身还要遭受祸患。"

历史唯物主义认为，生产力和生产关系的矛盾，经济基础和上层建筑的矛盾，是贯穿人类社会始终的基本矛盾。

在生产方式中，生产力与生产关系是辩证统一的。一方面，生产力决定生产关系；另一方面，生产关系对生产力具有反作用。当生产关系适合生产力发展状况时，它对生产力的发展起推动作用；当生产关系不适合生产力发展状况时，它对生产力的发展起阻碍作用。生产力和生产关系的相互作用及其矛盾运动，表明了生产力和生产关系之间内在的本质的必然的联系，这就是生产关系一定要适合生产力状况的规律。

经济基础与上层建筑是辩证统一的。一方面，经济基础决定上层建筑；另一方面，上层建筑对经济基础具有反作用。当上层建筑适合经济基础状况时，它促进经济基础的巩固和完善；当上层建筑不适合经济基础状况时，会阻碍经济基础的发展和变革。经济基础和上层建筑的相互作用及其矛盾运动，体现了两者之间的内在的本质的必然的联系，这就是上层建筑一定要适合经济基础状况的规律。

孔子生活在中国奴隶制社会的后期。由于青铜农具开始在农业上应用，生产力获得了迅速发展，国君（大奴隶主）的家臣、大夫、将军等中小奴隶主就有剩余的物力和人力来营造自己的地盘。奴隶社会后期，权力与财产不断地进行再分配，周王的势力越来越小，诸侯国的力量却越来越大，周王朝"礼崩乐坏"已不可避免，中国即将进入"君子之泽，五世而斩""封侯之后，三代而断"的战国时代。然而，孔子站在社会历史潮流的对立面，看不到社会生产力和经济基础的变化发展，企图在鲁国以及其他诸侯国恢复已经不适应社会存在的周朝制度，要求人们按"周礼"所规定的君臣父子的尊卑等级制度办事，这就好比在陆地上行船，只能徒劳无功，并且自身也难免遭受祸殃。孔子在鲁国两次被驱逐，在宋国受到伐树的惊辱，在卫国被人铲除足迹，在商、周之地穷困潦倒，在陈国和蔡国间被围困多日。孔子为实现自己的宏伟大志而坚贞不屈、百折不挠的精神不能不令人敬佩，但他不顾社会存在的变化发展，逆社会历史潮流而动，则不能不令人惋惜，其历史教训也是深刻的。

生产关系一定要适合生产力发展状况的规律，上层建筑一定要适合经济基础状况的规律，是在任何社会中都起作用的普遍规律。生产力和生产关系、经济基础和上层建筑的矛盾运动，才是推动人类社会变化发展的根本动力。我们不能苛求孔子，但我们决不能停留于孔子的局限。今天，我们只有正确认识和把握社会变化发展的客观规律，才能正确认识社会，把握人生，实现人生价值。

螳臂当车

社会历史发展的总趋势是前进的

典故"螳臂当车"初见于《庄子·人间世》："汝不知夫螳螂乎？怒其臂以当车辙，不知其不胜任也。"这则典故讲的是：

一只螳螂在草丛中昂首阔步。一只停下来休息的蜜蜂看见螳螂过来，立刻惊慌地飞走了。不久，一只蚂蚁经过这里，看见螳螂也吓得急忙躲藏了起来。螳螂得意洋洋，继续在马路上行走。此时，一阵巨大的车轮声音由远而近，原来是一辆马车向前奔来。马车见了螳螂丝毫没有停止前进之意，螳螂见了不由怒从心头起，于是举起双臂企图阻挡马车的去路，不料马车依然前行，螳螂葬身轮下。

"臂"即螳螂的前肢。螳螂身形那么单薄、弱小，却横开双臂想抵挡车轮。螳螂的命运似乎是注定了的，因为它力不胜任。成语"螳臂当车"，比喻自不量力，必然招致失败。

《淮南子·人间训》中有另一个记载：

战国时期，有一次，齐庄公乘马车出行去打猎，停车休息时有一小虫怒气冲冲地举起两只前肢，摆出准备与车轮搏斗的架势。齐庄公十分好奇地问车夫："这是什么虫子？"车夫瞥了一眼回答说："这就是螳螂。这种虫有一个特殊的地方，就是只知进而不知退，自不量力而又轻敌。"齐庄公却称赞说："它要是人的话，一定会成为天下无敌的勇士啊！"于是命令车夫绕道行驶，不要碾伤螳螂。齐国的勇士们听说了这件事情，更加效忠齐庄公，打起仗来更加奋不顾身。

两只螳螂同是挡车，其命运截然不同。虽说这只是寓言故事，我们不得不敬佩螳螂的勇气，敬佩齐庄公"回车而避之"的仁慈和爱心。为什么螳螂要挡车？而那个"怒"字似乎道出了原委：或许是螳螂正在行走，一辆马车过来了，抢道而行，要侵犯螳螂的正当权利，所以它要怒挡车辙。大家生而平等，只因为身形弱小，就要忽略我的存在吗？因此，螳螂敢于向强势挑战，敢于维护自己的正当权利，是可敬可佩的。螳臂挡车是一种冲动，也是一种执着。螳螂挡不住车，但它怒而反抗，其意义也许正是一种昭示，一种唤醒。当然，我们并不是主张毫无意义地牺牲自己的生命，更不是赞扬以匹夫之勇来阻挡社会历史发展前进的车轮，似乎应当更多地思考"螳臂当车"招致失败的原因。

螳螂有挡车之勇，但不可能挡住前进的车轮。从哲学上来看，这是因为：

历史唯物主义认为，生产力和生产关系的矛盾、经济基础和上层建筑的矛盾，是贯穿人类社会始终的基本矛盾。社会历史发展的总趋势是前进的、上升的，发展的过程是曲折的。社会发展是在生产力和生产关系、经济基础和上层建筑的矛盾运动中，在社会基本矛盾的不断解决中实现的。社会发展的历史车轮，是任何力量也无法阻挡的。

在阶级社会里，社会基本矛盾的解决主要是通过阶级斗争实现的，阶级斗争是推动阶级社会发展的直接动力。被剥削阶级反对剥削阶级的阶级斗争，迫使统治阶级不得不调整某些经济和政治关系，使社会基本矛盾得到一定程度的缓和，从而或多或少地推动了生产力的发展和社会的进步。当旧的生产关系严重阻碍生产力发展时，只有通过先进阶级反对反动阶级的革命，才能推翻反动阶级的统治，建立新的生产关系，解放生产力，推动社会发展。在中国近代史上，张勋和袁世凯的封建"复辟"最终无法挽救已经寿终正寝的封建帝制，就是明证。

在社会主义阶级，社会的基本矛盾仍然是生产力和生产关系、经济基础和上层建筑之间的矛盾。但是，这一矛盾是非对抗性的矛盾，它不是通过一个阶级推翻另一个阶级的阶级斗争的方式解决，只能通过社会主义的自我发展、自我完善加以解决。改革是社会主义的自我完善和发展。改革的根本目的，就是使生产关系适应生产力的发展，使上层建筑适应经济基础的发展。改革是推进中国特色社会主义各方面工作的强大动力。在我国深化改革开放的进程中，任何否定改革开放的言行，都是违背社会历史发展潮流的，也是无法阻挡社会主义历史发展前进车轮的。

总之，人类社会是运动、变化、发展的，人类通过各种实践活动不断地解决社会基本矛盾，从而推动社会历史由低级向高级发展。从社会形态而言，就是由原始社会到奴隶社会，再到封建社会、资本主义社会，然后到共产主义社会（社会主义社会是共产主义社会的初级阶段），每一个社会形态较之前一个社会形态总是发展了、前进了。这正如邓小平所说："封建社会代替奴隶社会，资本主义代替封建主义，社会主义经历一个长过程发展后必然代替资本主义。这是社会历史发展不可逆转的总趋势。"

社会主义必然胜利，资本主义必然灭亡，是人类历史发展的规律，是马克思主义的基本原理。尽管20世纪80年代末90年代初，社会主义遭受了重大挫折，但是"两个必然"的历史规律不会变，因为人类社会的发展历来都是前进性与曲折性的辩证统一。

螳臂当车不量力，蚍蜉撼树谈何易。飞速旋转的符合社会发展客观规律的历史车轮，是任何力量都不可阻挡的，"顺之者昌，逆之者亡"。

本末倒置

人民群众是历史的创造者

　　成语"本末倒置"出自金代《绥德州新学记》："然非知治之审，则未尝不本末倒置。"《战国策》有如下一段记载：

　　　　有一年，齐襄王派使臣带着书信去问候赵太后。赵太后接过信，还未打开，就向使臣问道："你们国家今年的收成怎样？百姓都安居乐业吗？齐王还好吗？"齐国使臣听了，很不高兴，说道："我奉齐王的派遣来问候太后，太后应该先向齐王问好。现在，你却先问收成丰歉和百姓生活，这不是有意轻视我国国君吗？"

　　　　赵太后向他解释道："你想想看，要是没有好的收成，哪里还有百姓？要是没有百姓，哪里还有国王？过去人们一贯抛开根本的东西，而去询问一些枝节，这难道是正常的吗？"

　　成语"本末倒置"比喻做事情轻重倒置，主次不分。在此，我们不论"本末倒置"违反了唯物辩证法"主要矛盾与次要矛盾的辩证统一"的原理，而只想谈谈这则故事内容所体现出的"民本"思想蕴含着的"人民群众是历史的创造者"的哲学道理。

　　人是社会历史的主体。社会历史是由人的实践活动构成的，每个人都在一定程度上参与了历史的创造。马克思主义认为，"人们自己创造自己的历史"。这里的"人们"是指社会的一切成员。但人们在历史发展中所起作用的性质和大小是不同的。

　　唯物主义历史观从社会存在决定社会意识、生产方式决定社会发展的基本观点出发，强调社会历史首先是物质生产发展的历史，是人民群众创造的历史。

　　唯心主义历史观从社会意识决定社会存在的根本观点出发，认为少数帝王将相、英雄豪杰是历史的创造者，认为这些人或者具有非凡的才智，或者秉承神的旨意，他们的思想动机决定历史的发展。这种观点不符合客观实际，是反科学的。

　　揭示人民群众在历史发展中的决定作用，是唯物主义历史观区别于唯心主义历史观的一个根本点。

　　"人民群众"是指一切对社会历史起推动作用的人们，既包括普通个人，也包括杰出人物。在阶级社会中，人民群众包括所有促进社会发展的阶级、阶层和社会集团。在不同的国家、不同的历史时期，"人民群众"具有不同的内涵，但不论怎样变化，劳动群众都是人民群众的主体部分。在我国现阶段，全体社会主义劳动者、社会主义事业的建设者，拥护社会主义的爱国者和拥护祖国统一的爱国者，都属于人民群众的范围。

　　人民群众是社会物质财富的创造者。广大劳动群众作为物质生产的承担者和社会生产力的体现者，创造了人们吃、穿、住、用、行等必需的生活资料。他们的生产活动是社会存在和发展的基础。从事物质资料生产、推动物质生产发展的人民群众，是推动社会历史发展的决定力量。

　　人民群众是社会精神财富的创造者。人民群众的生活和实践是一切精神财富形成和发展的源泉。人民群众的实践为精神财富的创造提供了必要的物质条件。人民群众还直接创造了丰硕的社会精神财富。

人民群众是社会变革的决定力量。人民群众在任何时期都是社会变革的主力军。在阶级社会中，生产关系的变革、社会制度的更迭，都是通过人民群众的革命实现的。人民群众通过推动生产力的发展而不断创造和改变社会关系，从而不断推动社会历史的进步和发展。

"水能载舟，亦能覆舟。"我们应以民为本，关注民生，为民服务。否则，如果本末倒置，凌驾于人民之上，最终必然会被人民拉下宝座。

独木难支

坚持群众观点和群众路线

南北朝宋顺帝的时候，萧道成把持政权，杀害忠良，横行恣肆，大有篡夺王权的企图。当时，大臣袁粲（càn）和刘东秘密商量要杀死萧道成，但议事不密，被萧道成同党褚渊告发。萧道成恼羞成怒，立即派部将戴僧静率领大批人马攻打袁粲，把其驻守的城池团团围住。这时，袁粲对儿子袁最说："我明知独木不能支持一座大厦免于崩溃，但为了名誉气节，不得不死守下去。"

后来，戴僧静率领部下越墙冲进城里。在敌人的刀枪面前，袁最勇敢地用身体掩护着父亲。袁粲对儿子说："我是个忠臣，你是个孝子，我们死而无愧。"父子俩慷慨赴死。

后人便把袁粲当时所说"我明知独木不能支持一座大厦免于崩溃"这句话概括为成语"独木难支"。独木难支，原意谓崩溃的形势非一人能挽救，后比喻艰巨的事业非一人之力所能胜任。

从哲学上来看，"独木难支"的典故涉及的一个哲学道理是：我们要正确认识和处理人民群众与英雄豪杰的关系，坚持党的群众观点和群众路线。

在人民群众与英雄豪杰的关系问题上，我们经常说"时势造英雄，而不是英雄造时势"。"时势造英雄"，是指时代的发展造就了英雄豪杰；"英雄造时势"，是指英雄豪杰决定着时代和社会历史的发展。

唯物主义历史观认为，社会历史是由人的实践活动构成的，每个人都在一定程度上参与了历史的创造，但人们在历史发展中所起作用的性质和大小不同。人民群众是实践的主体，是历史的创造者，是社会变革的决定性力量。少数英雄豪杰是一定历史时代的产物，只有反映了时代发展的要求，依靠人民群众，才能在社会变革中产生重大影响。因此，不是英雄造时势，而是时势造英雄。

是主张人民群众创造历史，还是认为英雄豪杰创造历史，这是历史唯物主义和历史唯心主义的一个根本分歧。唯心主义历史观主张英雄创造历史，竭力夸大少数英雄豪杰的作用，贬低、抹杀人民群众创造历史的伟大作用。"英雄造时势"的说法片面夸大了少数英雄豪杰在历史上的作用，是历史唯心主义的英雄观。

法兰西历史上第一帝国的皇帝拿破仑凭借出色的政治智慧和军事才能，频频取得辉煌的战绩，成为西方文人墨客津津乐道的英雄。黑格尔称颂他"驰骋全世界，主宰全世界"。鲁迅却说："有一回拿破仑过Alps山，说：'我比Alps山还要高！'这何等英伟，然而不要忘记他后面跟着许多兵。"毫无疑问，离开了成千上万士兵的冲锋陷阵、奋力拼杀，拿破仑根本不可能取得辉煌的战绩，也根本不可能成为驰骋疆场的英雄豪杰。

人民群众是历史的创造者，个人的力量和作用是十分渺小、微不足道的。我们必须坚持群众观点和群众路线，相信人民群众自己解放自己，全心全意为人民服务，一切向人民群众负责，虚心向人民群众学习，一切为了群众，一切依靠群众，从群众中来，到群众中去。

　　坚持立党为公，执政为民，权为民所用，情为民所系，利为民所谋，实现好、维护好、发展好最广大人民的根本利益，是我们一切工作的根本出发点。坚持群众观点和群众路线，是中国共产党领导中国人民夺取民主革命胜利的重要保证，也是取得社会主义革命胜利并成功地建设和发展中国特色社会主义的重要保证。在建设和发展中国特色社会主义的实践中，只有从人民群众的根本利益出发，让改革发展的成果惠及全体人民，才能激发广大人民群众进行社会主义现代化建设的积极性和创造性，努力推进社会主义的经济、政治、文化和社会建设以及生态文明建设，促进人的全面发展。

　　人民，只有人民，才是历史的创造者。这是一个颠扑不破的真理。

人本探微

人生应当具有价值和意义。寻找正确的价值观就是寻找人生的真谛。我们要树立正确的人生观和价值观，了解价值观的驱动、制约和导向作用，明确价值判断和价值选择的标准，把握价值实现的正确途径，在劳动和奉献中创造价值，在个人与社会的统一中实现价值，在砥砺自我中走向成功。

《上帝之手》是法国雕塑家罗丹最具创新和想象力的力作。一只手托着岩石旁缠绵一起的男女，让人既感受到了生，又感受到了死。上帝之手，磨砺过昨天的痛苦，也把握着今天的命运，还将创造明天的辉煌。上帝不是别人，上帝就是你自己。这尊雕塑，蕴含着人类从无到有的奥秘，暗示了人类生命的底蕴和意义。

南辕北辙

价值观是人生的重要向导

　　战国末期，魏国势力逐渐衰弱，但魏王仍然想讨伐赵国。正在出使邻国的臣子季梁得知后，立刻返回，劝阻魏王。他对魏王讲了如下一个故事：

　　　　从前，有一个人要从魏国到楚国去。他带上很多盘缠，雇了上好的车，驾着骏马，请了驾车技术精湛的车夫，就上路了。楚国在魏国的南面，可这个人不问青红皂白让驾车人赶着马车一直向北走。

　　　　路上有人问他要往哪儿去，他大声回答说："去楚国！"路人告诉他说："到楚国去应往南方走，你这是在往北走，方向不对。"那人满不在乎地说："没关系，我的马快着呢！"路人替他着急，拉住他的马，说："方向错了，你的马再快，也到不了楚国呀！"那人依然毫不醒悟地说："不打紧，我带的路费多着呢！"路人极力劝阻他说："虽说你路费多，可是你走的不是那个方向，你路费多也只能白花呀！"那个人不耐烦地说："这有何难的，我的车夫本领高着呢！"路人无奈，只好松开了拉住车把子的手，眼睁睁看着那个盲目上路的魏人走了。

说到这里，季梁才转入正题："大王要成就霸业，只有取信于天下，才能树立威望，最终达到目的。如果恃强凌弱，就不能建立威望，像那个想去楚国的人一样，只能离目标越来越远。"

魏王听了季梁的这番话，觉得颇有道理，于是就打消了伐赵的念头。

南辕北辙的典故告诉我们，必须明确前进的方向。那个魏国人，不听别人的指点和劝告，仗着自己马快、钱多、车夫好等优越条件，朝着相反方向一意孤行。其实，他条件越好，离目的地只会越来越远，因为他的大方向是错误的。不仅走路如此，我们无论做什么事，特别是在人生的道路上，首先必须认准前进的方向。如果没有正确的方向，有利条件只会起到相反的作用。而要从根本上解决方向的问题，最根本的办法就是树立正确的世界观、人生观和价值观。仅从价值观而言，它是人生的重要向导。

马克思主义哲学的价值观认为，人们在认识各种具体事物价值的基础上，会形成对事物价值的总的看法和根本观点，这就是价值观。价值观作为一种社会意识，对社会存在具有重大的反作用，对人们的行为具有重要的驱动、制约和导向作用。

价值观对人们认识世界和改造世界的活动具有重要的导向作用。一方面，价值观影响着人们对事物的认识和评价。价值观不同，人们对事物的认识和评价就不同。另一方面，价值观影响着人们改造世界的活动。在生活中，我们都要面对如何选择自己的生存和生活方式的问题。选择正确，我们就会在改造世界的活动中取得成功；选择错误，我们就会在改造世界的活动中遭到失败。

　　价值观对人生道路的选择具有重要的导向作用。人的一切行为都是在思想意识的支配下发生的。一个人走什么样的人生道路，选择什么样的生活方式，都是在一定世界观和价值观的指导下进行的。不同的价值观，决定了人们在面对公义和私利、生与死的冲突时所做出的不同选择。不同的幸福观、家庭观和恋爱观，也决定着人们在面对这些问题时的基本态度、思维方式和行动结果。

　　价值观是人生的重要向导，是我们能否拥有美好生活的航标。在历史唯物主义看来，凡是符合事物发展规律、符合人类的根本利益的价值观都是正确的。寻找正确的价值观就是寻找人生的真谛。

三思而行

正确进行价值判断和价值选择

成语"三思而行"典出《论语·公冶长》:"季文子三思而后行。"它说的是:春秋时期,鲁国大夫季孙行父,即季文子,为人谨慎,凡事"三思而行"。

"三思而行"的"三思",就是多想。"三"不是限于三次的意思,而是"再三""反复多次"。"三思而行",是指经过反复考虑,然后再去做。

人们从事各种实践活动,同各种事物打交道,要不断进行判断和选择。人们既要对事物的客观状况及其本质属性、发展规律作出判断,又要进一步对事物能否满足主体的需要以及满足的程度作出判断。后者称为价值判断。人们的价值选择是在价值判断的基础上做出的。

那么,我们如何进行正确的价值判断和价值选择呢?

第一,要进行正确的价值判断和价值选择,就必须坚持真理,遵循社会发展的客观规律,走历史的必由之路。各种价值判断和价值选择都不是凭空产生的,而是社会存在在不同人的头脑中反映的产物,是在社会实践的基础上形成的。人们选择的目标能否实现,实现的程度如何,取决于人们的认识是否符合社会发展的客观规律。只有符合事物发展规律、符合人类的根本利益的价值观,才是正确的价值取向。

第二，要进行正确的价值判断和价值选择，就必须坚持发展的观点，解放思想，与时俱进，一切以时间、地点和条件为转移。世界上的一切事物都是运动、变化和发展的。随着时空的推移和条件的改变，一定事物的价值以及人们关于它的价值观念也会发生变化。因此，价值判断和价值选择坚持发展的观点，解放思想，与时俱进，一切以时间、地点和条件为转移。这就是价值判断和价值选择的社会历史性特征。把握价值判断和价值选择的社会历史性，有助于我们正确评价历史和现实中的各种价值观念，防止简单化和片面化倾向；有助于我们的价值观念与时俱进，从而作出正确的价值判断，进行正确的价值选择。

第三，要进行正确的价值判断和价值选择，就必须坚持整体与部分辩证统一的观点，坚持系统优化的方法，坚持正确认识和把握国家利益、集体利益与个人利益的辩证统一关系。在价值判断和价值选择的问题上，坚持整体与部分辩证统一的观点和系统优化的方法，就是要正确认识和处理国家利益、集体利益与个人利益的辩证统一关系。在社会主义社会，国家利益、集体利益与个人利益本质上是一致的。一方面，国家利益、集体利益与个人利益互为前提而存在；另一方面，国家利益、集体利益与个人利益互相促进而共同发展。但是，这并不意味着它们是完全一致的。事实上，个人利益与集体利益不一致的情形是常常发生的。当个人利益与集体利益发生矛盾和冲突时，个人利益要服从国家利益和集体利益。同时，国家、集体也要更好地满足个人的正当利益。

第四，要进行正确的价值判断和价值选择，就必须坚持以人为本，从人民群众的根本利益出发，全心全意为人民服务，构建社会主义的核心价值体系。一个正确的价值判断和价值选择，既要合乎事物的属性和发展规律，又要符合广大人民群众的根本利益。我们要自觉站在最广大人民群众的立场上，把人民群众的根本利益作为最高的价值标准，牢固树立为人民服务的思想，把献身人民的事业、维护人民的根本利益作为自己最高的价值追求。只有这样，才能保证我们价值判断和价值选择的正确性。

社会主义核心价值体系在我国整个社会价值体系中居于核心地位，是社会主义意识形态的主体，决定着整个价值体系的基本特征和基本方向。构建社会主义核心价值体系，是我国现代化建设保持正确方向的必然要求，是构建社会主义和谐社会的重要内容和条件。没有社会主义核心价值体系的引领和主导，构建和谐社会、和谐文化就会迷失方向。

马克思主义指导思想、中国特色社会主义共同理想、以爱国主义为核心的民族精神和以改革创新为核心的时代精神、社会主义荣辱观，构成社会主义核心价值体系的基本内容。

综上所述，价值判断和价值选择，是人在实践基础上的思维过程，它离不开人的主观能动性，离不开人的"三思而行"。"三思而行"不等于犹豫不决、优柔寡断，更不是思想僵化、因循守旧。它需要坚持真理，把握规律；需要实事求是，与时俱进；需要从大处着眼，小处着手；需要以人为本，为民服务。

大公无私

坚持集体主义的价值观

　　春秋时期，有一次，晋平公对大臣祁黄羊说："南阳县缺个县令，你看，派谁去比较合适呢？"

　　祁黄羊毫不迟疑地回答说："解狐才干敏练，通达政务，他去最合适。"

　　晋平公非常惊讶地问："解狐不是你的仇人吗？为什么你还推荐他呢？"

　　祁黄羊回答道："您只问谁最合适，并没有问谁是我的仇人呀！"

　　于是，晋平公任解狐为南阳县县令。果然，解狐到任后，替那里的老百姓办了不少好事，政绩非常突出。

　　过了一些日子，晋平公又对祁黄羊说："现在朝廷里缺少一个法官。你看，谁能胜任呢？"

　　祁黄羊说："祁午公正廉洁，不徇私情，他能够胜任。"

　　晋平公不解地问道："祁午不是你儿子吗？你推荐自己的儿子，不怕别人非议吗？"

　　祁黄羊襟怀坦白地说："你只问谁可以胜任，并没问祁午是不是我儿子呀！"

　　晋平公便任命祁午做了法官。结果，祁午上任后，恪尽职守，办事公正，工作出色，备受人们的欢迎与爱戴。

孔子听到这两件事后，称赞祁黄羊说："祁黄羊说得太好了！他推荐人，完全是拿才能做标准。推荐人才，对外不排斥仇人，对内不回避亲人。像祁黄羊这样的人，才是'大公无私'啦！"

人们的社会地位不同，需要不同，价值判断和价值选择也就不同。在阶级社会中，价值判断和价值选择具有阶级性。成语"大公无私"是一种对待和处理公私关系的高尚道德境界。不过，在私有制社会里，剥削阶级也倡导"去私行公"，但这种"公"本质上是本阶级的利益。在上面的典故中，祁黄羊"大公无私"的"公"，实质上就是以封建统治阶级的利益为出发点。

无产阶级所倡导的"大公无私"，表现为一切以人民群众的根本利益为出发点，在任何情况下都要始终把人民群众的根本利益放在首位，全心全意为人民服务，决不能以"人的本质是自私的"这样的错误观念来推卸自己肩上的历史责任。

人们站在不同的立场上，就会有不同的价值观，就会做出不同的价值判断和价值选择。今日之社会，是一个多元化的社会。多种价值观并存、冲撞，无时无刻不影响着人类。社会主义的经济、政治关系的本质，要求我们必须树立和践行与之相适应的以为人民服务为核心的集体主义价值观。

社会主义的集体主义，既是一种价值观，又是处理国家、集体和个人三者关系的政治原则和道德原则。在行为选择上，坚持集体主义价值取向，应当做到以下几点：

第一，从根本上说，国家和集体利益高于一切。我们应倡导把国家和集体利益放在首位。当国家、集体利益与个人利益发生冲突时，要自觉站在人民群众的立场上进行选择，个人利益要服从国家和集体利益，必要时要牺牲个人利益乃至生命来保卫国家和集体利益。

第二，社会生活是丰富多彩的，人们的思想境界是多层次的，我们应当允许个人在不损害国家和集体利益的前提下，作出不同的具体的价值选择。当个人利益与他人利益发生冲突时，要善于从不同角度思考利益，理解和尊重他人的正当选择。我们必须承认和维护个人的正当利益，努力为个人正当利益的实现创造越来越多的条件。

第三，坚持国家、集体和个人利益相结合，促进社会和个人的和谐发展。在社会主义社会里，国家、集体和个人利益在根本上是一致的。要把个人、集体、国家三者利益的统一作为自己选择的标准，两利相权取其重，两弊相衡取其轻。

总之，以为人民服务为核心的集体主义，是新时期我国人民的正确价值取向。坚持集体主义价值取向，总的要求是做到心中有他人，心中有集体，心中有国家，确立社会主义主人翁的思想意识，反对和克服"以自我为中心"的思想倾向。

在一个"人人为自己，上帝为大家"的精神氛围中，是无法构建社会主义和谐社会的。

鞠躬尽瘁

在劳动和奉献中创造价值

　　汉末，曹操的儿子曹丕废去汉献帝，改国号为魏，自己做了皇帝，即魏文帝。不久，占据四川一带的刘备也宣告登基，即历史上所称蜀汉的"先主"。刘备以诸葛亮为丞相，定都成都。这样，连同江南（江东）的东吴，就正式出现了魏、蜀、吴三国鼎立的局面。

　　刘备去世后，刘备的儿子刘禅承袭皇位为"后主"。诸葛亮继续任丞相，并受封为"武乡侯"，掌握了蜀国的一切军政大权。诸葛亮是一贯主张联吴伐魏的，这时仍然一面与东吴结好，一面南征孟获，平定南中诸郡，充实军备，练兵习武，积极准备北伐魏国。出兵的时候，诸葛亮上表后主，力劝其听信忠言，任用贤臣，这就是《前出师表》。可是，这次北伐并没有成功。过了一段时间，诸葛亮又准备发动北伐，而一些蜀国大臣则极力反对，因此诸葛亮又上一表，分析面临的局势，说明蜀汉与曹魏势不两立，必须进行北伐。这就是《后出师表》。

　　成语"鞠躬尽瘁"即源自《后出师表》，形容小心谨慎、恭恭敬敬、尽心竭力地工作，一直到死为止。"鞠躬尽瘁"向我们昭示的一个哲学道理是：要在劳动和奉献中创造价值，在个人与社会的统一中实现价值。

劳动着的人是幸福的。人只有在劳动中才能创造价值。一个人在劳动中创造的财富越多，意味着他为满足社会和人民的需要所作出的贡献就越大，他自身的价值就越大，他的幸福感也就越强。

努力奉献的人也是幸福的。人生价值包括自我价值和社会价值两个方面的内容。个人的社会价值是指个人对社会的责任和奉献，即奉献；个人的自我价值是指社会对个人的尊重和满足，即索取。贡献与索取是辩证统一的。首先，个人对社会的责任和贡献，是实现人生价值的基础和源泉，居于首要地位；其次，社会对个人的尊重和满足，是实现人生价值的基本前提和条件。再者，人生的真正价值在于对社会的贡献。走不出自我的狭隘天地的人，不想奉献他人和社会的人，永远不可能拥有真正的幸福。爱我们的家人，爱我们的朋友，爱我们的事业，爱我们的祖国，爱我们的世界，积极投身于为人民服务的实践，是实现人生价值的必由之路，也是拥有幸福人生的根本途径。

我们要在个人与社会的统一中实现价值。个人与社会是辩证统一的关系。一方面，个人与社会相互区别，不能等同；另一方面，个人与社会相互依存、密不可分。社会发展是个人发展的基础，社会提供的客观条件是人们实现人生价值的基础。完全脱离社会的"个人奋斗"和"自我实现"，实际上是不可能的。人的价值，只能在社会中实现。只有正确处理个人与集体、个人与社会的关系，才能在奉献社会中实现自己的价值。

反裘负薪

在个人与社会的统一中实现价值

魏文侯是战国时一位聪明的君王。

有一次，魏文侯带着随从外出去巡游。当时正是寒冬，天气特别冷，人们都穿着厚厚的衣服。魏文侯走着走着，忽然看见前面有一个人背着一捆柴慢慢地走着。这个人好像穿着皮袄，但又不敢肯定，因为皮袄的外面光光的，没有毛。魏文侯感到很奇怪，就紧走了几步，打算去看个究竟。结果让魏文侯很吃惊，原来这个人是将羊皮袄反穿在身上，毛向内，皮朝外。

魏文侯很好奇，便上前问那人道："你为什么要反穿着皮裘（qiú）背柴呢？"

那人回答说："因为我太爱惜皮裘上的毛了，如果把毛露在外面，就会被磨掉，所以我反着穿了！"

魏文侯听了，觉得有点不可思议，但还是很认真地对那人说："你难道不知道皮裘的里子磨坏了，皮裘上的毛就会失去依托吗？所以，皮裘的里子更重要啊！"但是，那人好像是没有听明白魏文侯的话，依然执迷不悟地背着柴走了。

第二年，魏国东阳地区上贡了比往年多十倍的钱粮布帛，大臣们都向文侯祝贺。魏文侯却忧心忡忡，他想：东阳这个地方所处的位置很一般，近年来土地没有增加，人口还是原来那么多，怎么一下子比往年多交了十倍的钱粮布帛呢？就算是近年大丰收，可是向国家上交的钱粮布帛也是有比例的呀！莫非是地方官员向老百姓收取苛捐杂税而来？于是，他问那个大臣道："怎么会增加这么多呢？是不是你们加重了老百姓的赋税而得来的？"大臣看国君猜到了他们的做法，吓得低下了头，不敢说话。

文侯对大臣们说："这不是一件好事啊！就像那个反穿皮裘背柴的人，因为爱惜皮裘的毛，忘了皮裘的里子更重要。你们不顾老百姓的死活，大肆征收老百姓的钱粮布帛。这种做法和那个反穿皮裘背柴的人又有什么区别呢？"

大臣们都惭愧地低下了头。紧接着，魏文侯又语重心长地说："皮之不存，毛将焉附？如果老百姓不得安宁，国君的地位也难以巩固。希望你们记住这个道理，不要被一点小利蒙蔽了眼睛，看不到问题的实质。"

古人穿皮衣以毛朝外为正，反裘指毛朝里。"反裘负薪"意为反穿皮衣背柴，形容贫困劳苦，也形容不知事理而本末倒置。

古有蠢人"反裘负薪"，那是为了保护皮袄的毛，担心肩头背负的柴薪将皮袄的毛磨坏了，才反穿皮袄，却不知"皮之不存，毛将焉附"的道理，因而留下了千古笑柄。魏文侯深明大义，以民为本，反对加重百姓的税负，不失为一代聪明的君王。

事物的联系是普遍的。每一事物内部的各个部分、各个要素之间都是相互联系的。所谓联系，就是事物之间以及事物内部诸要素之间的相互影响、相互制约和相互作用。皮与毛是相互联系的。"皮之不存，毛将焉附？"毛是依附在皮上的，如果皮受了损坏，毛也就无处依附了。反裘负薪，惜表坏里，只会是毛皮俱毁。

世界上的任何事物都充满着矛盾。矛盾具有普遍性和客观性。在复杂事物的发展过程中，主要矛盾处于支配地位，对事物发展起决定作用；次要矛盾处于从属地位，对事物发展不起决定作用。但是，主要矛盾和次要矛盾是相互依赖、相互影响的，并在一定条件下可以相互转化。既然主要矛盾的存在和发展决定或影响着其他矛盾的存在和发展，所以我们要集中主要力量解决主要矛盾；而不能不分主次，"眉毛胡子一把抓"，甚至本末倒置。在皮与毛的关系中，皮是基础和根本，是毛赖以存在的依据。如果因爱惜毛而损坏皮，就是本末倒置，就会得不偿失。我们想问题、办事情，不能只顾表面和形式，而置根本的东西于不顾。

在现实生活中，国家利益、集体利益与个人利益的关系，犹如皮和毛的关系。我们要正确处理国家利益、集体利益与个人利益之间的关系。

在社会主义条件下，国家利益、集体利益与个人利益是辩证统一的。国家、集体与个人在根本利益上是一致的，三者是相辅相成的。国家利益代表着人民群众的根本利益、长远利益和整体利益，是群众集体利益和个人利益的源泉与保证。只有在国家富强的前提下，集体才能富裕，人民生活才能有所改善。同时，每个人的正当利益，又都是国家利益、集体利益不可分割的组成部分。国家和集体中每个人利益的增加，同样有利于国家利益和集体利益的扩大。

在实际生活中，国家利益、集体利益与个人利益难免会发生矛盾。在国家利益、集体利益与个人利益发生矛盾时，必须坚持国家利益、集体利益高于个人利益的原则，即个人应当坚持以国家利益和集体利益为重，坚持把国家和集体利益放在第一位，无条件地服从国家利益和集体利益的需要，更不能靠损害国家利益和集体利益去捞取个人的"实惠"。在必要时，要牺牲个人利益乃至生命去保护国家利益和集体利益。

社会与个人的关系，也犹如皮与毛的关系。社会与个人是辩证统一的。社会是由个人组成的，个人是社会中的一分子。只有在社会中，个人才能获得全面发展；只有在社会中，个人才可能获得真正自由。社会提供的客观条件是人们实现人生价值的基础。人的生存条件、发展条件和享受条件都是由社会提供的，完全脱离社会的"个人奋斗"和"自我实现"实际上是不可能的，人的价值只能在社会中实现。只有正确处理社会与个人的关系，才能在奉献社会中实现个人自己的价值。

人们站在不同的立场上，就会有不同的价值观，就会做出不同的价值判断和价值选择。在古代，魏文侯不以多征收钱粮布帛为喜，而是考虑百姓的利益，是难能可贵的。虽然他是为了巩固其君主的地位，但他至少看到了"民"与"国"的关系，是具有积极意义的。在我国发展中国特色社会主义的今天，我们要自觉站在最广大人民的立场上，把人民群众的利益作为最高的价值标准，牢固树立为人民服务的思想，把献身人民的事业、维护人民的利益作为自己最高的价值追求。只有这样，才能保证我们价值判断和价值选择的正确性，才能在个人与社会的统一中实现人生价值。

卧薪尝胆

在砥砺自我中走向成功

春秋时期，吴越两国相邻，经常打仗。公元前497年，吴王夫差凭着国力强大，领兵攻打越国。两国在夫椒交战，吴国大获全胜，越王勾践被迫退到会稽。吴王派兵追击。越王勾践被围困在会稽山上，情况非常危急。此时，勾践听从大夫文种的计策，准备了一些金银财宝和几个美女，派人偷偷地送给吴国大臣伯嚭（pǐ），并通过他向吴王求情讲和。吴王夫差不顾伍子胥的反对，答应了越王勾践的求和，但是要勾践亲自到吴国去做人质。

勾践和妻子一起来到吴国后，吴王夫差为了羞辱越王，派他们夫妻俩住在夫差父亲墓旁的石屋里，做看守坟墓和养马的事情。越王心里虽然很不服气，但仍然极力装出忠心顺从的样子。夫差出游时，勾践总是拿着马鞭，走在前面牵着马；夫差生病时，勾践为了表示忠心，竟亲自去尝夫差大便的味道来判断其病因。这样过了三年，吴王认为勾践已甘心臣服，便释放勾践夫妇及随从返回越国。

勾践回到越国后，立志报仇雪耻。他唯恐王宫安逸的生活消磨志气，就搬进破旧的马厩中居住；他把床铺上的席子撤去，每天直接睡在柴草上，苦心焦思；他还在房梁下用绳子吊了一个猪胆，坐卧都仰视苦胆，吃饭前还要先尝一口苦胆的胆汁，以此来激励自己的复仇意志。

在日常生活中，勾践处处身体力行：亲自耕作，食不增肉，身不锦衣，屈己容人，优待宾客，救济贫困，与将士同苦乐。经过十年的艰苦奋斗，越国变得国富兵强，于是越王亲自率领军队打败了吴国，吴王夫差被迫自杀。后来，越国乘胜进军中原，成为了春秋末期的一大强国。

这个故事源于《史记·越王勾践世家》。后来，人们把这个故事概括为"卧薪尝胆"，用来形容人刻苦自励、发奋图强。

"卧薪尝胆"的故事向我们揭示了一个哲学道理：要在砥砺自我中走向成功。

——实现人生价值，需要有顽强拼搏、自强不息的精神。项羽"破釜沉舟"的决心、勾践"卧薪尝胆"的毅力，都是自强不息精神的鲜活体现。人生的道路不是一帆风顺的，前进中既有阳光大道，也会有羊肠小道。在人生旅途上，挫折和失败是难免的。没有挫折的人生，不是完整的人生；没有挫折的考验，也便没有坚贞不屈的人格。纵观古今中外，凡是生活的强者，都要顽强地走过磨难岁月，才能开拓出一片灿烂的人生。在挫折和失败面前，首要的就是要有百折不挠、自强不息的精神。牵马尝粪、卧薪尝胆，勾践忍人所不能忍之辱，受人所不能受之苦，创下了人类君王史的奇迹，勾践坚贞不屈的意志和自强不息的精神或许更具有现代意义。

　　——实现人生价值，需要有坚定的理想信念。理想是人生的奋斗目标，崇高的理想是人生的精神支柱。一个人有了崇高的理想，就有了坚定正确的方向，就能够把个人的前途和国家的命运、人类的幸福结合起来，从而为自己的生命旅程注入恒久的动力和无限的生机。勾践立志报仇雪耻，苦心自励，发奋图强，创下了以弱胜强的经典！

　　——实现人生价值，需要有正确价值观的指引。人不可能生活在真空之中，各种错误的思想和社会中的一些消极因素会对我们产生各种各样的冲击，这就需要我们学会辨别是与非，排除外界的干扰，坚定正确的理想信念，时刻用正确的价值观支撑自己，沿着正确的人生道路不断前进。

　　——实现人生价值，需要全面提高自己的个人素质。人生价值的实现过程是个人在认识和实践活动中施展自己能力的过程。一般来说，能力卓越的人，更有可能创造出卓越的人生。全面的能力可以帮助人们应对不同的生活场景，解决多样的人生难题，把握难得的人生机遇，从而为人生价值的实现提供更加广阔的空间。

望洋兴叹

实现人生价值离不开客观条件

相传很久很久以前，黄河里有一位河神，人们叫他河伯。河伯站在黄河岸上，望着滚滚的浪涛由西而来，又奔腾跳跃着向东流去，兴奋地说："黄河真壮阔呀，世上没有哪条河能和它相比。我就是最大的水神啊！"

有人告诉他："你的话不对。在黄河的东面有个地方叫北海，那才真叫壮阔呢！"

河伯说："我不信，北海再壮阔，能比得过黄河吗？"

那人说："别说一条黄河，就是几条黄河的水流进北海，也装不满它啊！"

河伯固执地说："我没见过北海，我不信。"

那人无可奈何，告诉他："有机会你去看看北海，就明白我的话了。"

秋天到了，暴雨滂沱，众多大川、小溪的水都汇入了黄河。只见波涛汹涌，河水暴涨，淹没了河心的沙洲，浸灌了岸边的洼地，河面陡然变宽了，隔河望去，对岸的牛马之类的大牲畜都分不清楚。这一下，河伯洋洋得意地自我陶醉起来，以为天下最壮观的美景都在自己这里。在自得之余，他想起有人提起的北海，于是决定去那里看一看。

河伯顺着水势向东前行，来到了黄河的入海口，不由大吃一惊，放眼望去，只见北海汪洋一片，水天相连，无边无际。他呆呆地看了一会儿，原来洋洋自得的心态顿时全无。望着汪洋大海，他对北海神感叹道："俗话说：'有的人懂得了一点道理，便以为没有谁能比得上自己。'这话就是说我呀！我曾经听人说过，孔子的见闻学识不算多，伯夷的德行也没有什么了不起。以前我不信这话，现在我见到了你的广阔无边，才知道这话是真的啊！今天要不是亲眼见到这浩瀚无边的北海，我还以为黄河是天下无比的呢！那样，我岂不是要永远被道德高尚、学问渊博的人耻笑了？！"

北海神谦虚地说："井底之蛙不可以谈论大海的原因，是因为它的居所狭小；夏天的昆虫不可以谈论冰的原因，是取决于时令。孤陋寡闻的人不能谈论真理，是受到他所受教育的限制。今天你走出河流的岸崖，到大海边来观望，才知道自己的不足，就可以跟你谈论大道理了。大海是天下之水的归宿。虽然万川归于大海不知何时停止，并不见海水溢出；虽然尾闾不断流泻，不知道什么时候完，也不见海水干涸；不论春秋季节如何更替，它也不会改变；就是洪涝干旱，它也没什么感觉。它比江河的水多得多，是无法计量的。但我却从未以此而自大。我觉得自己形成于天地之间，接受着阴阳的气息；我在天地之间，就像小石头、小树木在大山里，只能看到自己的不足，又怎么会骄傲自大呢？"

　　这是《庄子·秋水》记载的一个故事。成语"望洋兴叹"就是由此而来。望洋兴叹，原指在伟大事物面前感叹自己的渺小，现比喻做事时因无力胜任或没有条件而感到无可奈何。

　　满招损，谦受益。山外有山，天外有天。我们应该保持谦虚谨慎、戒骄戒躁的态度，勿以己之长而比他人之短，勿因己之短而妒他人之能，而应不断地充实自己的人生。

　　满招损，骄傲使人落后。河伯在有限的环境里，以为"天下之美尽在己"。主观片面的认识，使河伯过于自负，这是一种见识的浅陋。如果河伯没有改掉自己骄傲自满的坏毛病，那么，他将永远看不到大海，永远不知道自己的渺小，那将是多么悲哀啊！古人云："人贵有自知之明。"人生，要经常反省自己，不能囿于自己有限的见识而自满自足。在知识的海洋中，我们应当确立"三人行，必有我师"的学习态度，不断追求积极向上的人生，让人生变得更加富有意义。

　　谦受益，谦虚使人进步。"谷食之所生，舟车之所通，人处一焉。"相对于宇宙万物，人是很微小的。世界之大，个人所作所为，都是渺小的。"海纳百川，有容乃大。"人生有涯而知无涯，一个人不管知识多么渊博，也不过是沧海一粟。我们只有保持谦虚的学习态度，像大海"容纳百川"一样，不断充实自己，才能实现人生价值。

　　从哲学上看，这则寓言故事，还能给我们深刻的哲学启示。"望洋兴叹"多比喻无力胜任或没有条件而感到无可奈何。这说明实现人生价值离不开客观条件。

　　实现人生价值需要社会提供一定的客观条件。

　　第一，实现人生价值要以一定的生产力为基础。社会的生产力水平决定社会的物质财富，社会财富既是人类创造的物质成果，又是继续进行价值创造的前提条件，制约着人生价值的实现。

第二，实现人生价值要有一定的社会经济、政治、文化条件。人所特有的劳动创造力是人生价值的源泉。但是，人的创造力的形成和培养需要经过学习和训练，而这种学习和训练的条件又需要社会提供，即依赖于一定的社会经济和政治状况、科学文化发展水平。同样，人们创造力的利用和发展也需要一定的社会条件，如生存条件、工作条件以及社会各方面的支持。

第三，一定的客观条件对于实现人生价值，既有正面影响，又有负面效应，这就需要我们充分发挥主观能动性，正确对待这些条件，充分利用有利条件，改变不利条件，走向成功的人生。

客观条件也是人类创造的。每个人都是自己人生的建筑师。只要我们在尊重客观规律的前提下，充分发挥主观能动性，努力创造条件，一切皆有可能。否则，消极怠工，守株待兔，坐享其成，无所作为，永远只能是望洋兴叹，永远无法到达成功的彼岸。

愚公移山

实现人生价值，必须发挥主观能动性

太行、王屋两座大山，方圆达七百里，高达七八千丈。它们原来位于冀州的南部、黄河北岸。

北山有个叫愚公的人，年纪将近九十岁了，面对着山居住。愚公苦于山北面道路阻塞，进进出出都要绕远路，于是召集全家人商量说："我和你们用尽全力铲平两座大山，使它一直通到豫州南部，到达汉水南岸，好吗？"大家纷纷表示赞同他的意见。

于是愚公带领子孙中能挑担子的三个人，凿石头，挖泥土，并把石头和泥土用箕畚运送到渤海的边上。邻居姓京城的寡妇有个孤儿，刚七八岁，蹦蹦跳跳也来帮助他们。冬夏换季，才往返一次呢！

河曲的智叟笑着阻止愚公说："你太不聪明了。凭你余年剩下的力气，尚不能毁掉山上的一根草，又能把泥土和石头怎么样？"

北山愚公长叹一声说："你思想真顽固，顽固到了不能改变的地步，还不如寡妇和弱小的孩子。即使我死了，还有儿子在呀；儿子又生孙子，孙子又生儿子；儿子又有儿子，儿子又有孙子；子子孙孙没有穷尽，可是山不会增加高度，为什么愁挖不平呢？"河曲智叟没有话来回答。

山神听说了这件事，怕愚公不停地挖下去，便向天帝报告了这件事。天帝被愚公的诚心感动，命令夸娥氏的两个儿子背走了两座大山。一座放在朔方的东部，一座放在雍州的南面。从此，冀州的南部，汉水的北面，没有高山阻隔了。

这是一个具有朴素唯物主义和辩证法思想的寓言故事。它通过愚公的坚持不懈、智叟的胆小怯弱以及"愚"与"智"的对比，表现了我国古代劳动人民有移山填海的坚定信心和顽强毅力，说明了"愚公不愚，智叟不智"，无论遇到什么困难，只要有恒心有毅力地坚持到底，就有可能成功。

愚公从事的移山工程之浩大，运土路程之遥远，往返时间之漫长，世所罕见。在常人看来，愚公移山是不可思议的事，是"不惠"之举，以"残年余力"想挖掉"方七百里，高万仞"的太行、王屋二山，简直是愚不可及。但是，愚公没有被眼前的困难所吓倒，在于他有远大的抱负，他的移山是为千千万万人和子孙后代造福。愚公能以发展的观点看待人与自然的关系。虽然人生有限，但人力无穷，而自然条件在相当长的时间内不会有什么大的改变。移山事业即使不能在一代人两代人手里实现，只要世世代代坚持干下去，就一定能完成，大自然完全可以被征服。而智叟目光短浅，只看到眼前"残年余力"，以"曾不能毁山之一毛"为证得出"其如土石何"，嘲笑愚公之"不惠甚矣"。智叟是以静止的观点看待人与自然的关系，认为自然是不可战胜的，人对自然只能被动适应。

智叟与愚公形成鲜明的对比，愚公移山，似愚实智，大智若愚；河曲智叟，似智实愚，大愚小智。愚公之大智，表现在目光长远、造福万代；智叟之小智，表现在目光短浅、自私懒惰。

我们实现人生价值，必须充分发挥主观能动性，树立顽强拼搏、自强不息的精神。愚公移山所体现的是人的主观能动性，是一种胸怀大志、不畏艰险、顽强拼搏、永不言弃、踏实苦干的精神。这种"愚公精神"能给我们深刻的启迪，对于我们的生活及人生具有永恒的价值。"愚公移山"是一个流传数千年的故事，从古至今人们津津乐道，崇尚它蕴含的"愚公精神"。正是这种精神使山神害怕、"上帝"感动，终于搬走了两座大山。这实质上是人的精神力量的胜利，是人定胜天的生动写照。它再次证明，虽然人的先天条件是无法改变的，但后天人人都可努力，关键是看我们愿不愿做、怎样去做。挫折和失败是摆在人生旅途上的一个个栅栏，有的人遇到它就往回走，或者只跨过几个矮小的栅栏就失去继续前行的勇气；也有人每跨过一道栅栏，信心就增加一分，能力就提高一步，所以越走越远。

在人生的道路上，我们难免会遇到一座座阻碍我们前进的"大山"。物资的贫乏、精神的迷惘、疾病的侵袭、灾害的破坏、学业的繁重、工作的压力、人事的纷争……诸如此类的问题总是困扰着我们，可以说在我们面前永远都存在着"大山"，永远需要我们去"移山"。只要我们充分发挥主观能动性，像愚公一样不畏艰险，知难而进，迎难而上，坚忍不拔，敢于向命运宣战，相信落下的汗水终会滋润出一片绿荫。摧毁前进道路上的"大山"的人，就是我们自己。因为，我们就是千千万万个愚公，我们就是"上帝"。

黔驴技穷

实现人生价值，必须全面提高个人素质

　　从前，贵州（黔）地区没有驴，那里的人们对于驴的相貌、习性、用途等都不熟悉。有个人出于好奇从外地用船运了一头驴回贵州，一时又不知该派什么用场，就把它放到山脚下，任其自己吃草、散步。

　　一只老虎出来觅食，远远地望见了这头驴。老虎从来没有见过驴，看到这家伙身躯庞大，耳朵长长的，样子挺吓人的。老虎有点害怕，在心里琢磨：妈呀！什么时候跑来这样一个身躯庞大的家伙，看上去很神奇，似乎不太好惹。

　　连续几天，老虎不敢贸然行事，只是躲在密密的树林里面观察驴的行为。后来觉得驴好像不是很凶狠，就悄悄走出来，壮着胆子小心翼翼地接近驴，但还是不知道它到底是个什么东西。

　　有一天，老虎正慢慢地接近驴，驴忽然长叫了一声，声音十分响亮。老虎大吃一惊，非常恐惧，以为驴想吃自己，转身就逃。老虎跑到较远的地方，发觉驴并没有追来，于是停下来，仔仔细细地观察了驴一番，觉得驴好像没有什么特殊的本领。

又过了几天，老虎渐渐习惯了驴的叫声，于是它又进一步和驴接触，以便更深入地了解驴。老虎开始走到驴的前后左右，转来转去，但仍然不敢上去和驴搏击。以后，老虎慢慢逼近驴，越来越放肆，或者碰它一下，或者靠它一下，不断冲撞冒犯它。

驴非常恼怒，就抬起蹄子去踢老虎。开始的时候，老虎还稍有点惊惶，不久见驴再也无计可施，终于明白了，原来驴只有这么一点伎俩。

老虎非常高兴，嘲笑驴说："你这个没用的大家伙，原来就这么点本事啊！"于是老虎跳跃起来，一声怒吼，扑上前去，咬断了驴的喉管。

"黔驴技穷"这句成语，比喻人有限的一点本领已经用完，用来讽刺一些人虚有其表，外强中干，无德无才。

唉！驴的躯体庞大，好像有德行；声音洪亮，好像有本事。假如不显出那有限的本事，老虎虽然凶猛，也会存有畏惧心理，终究不敢攻击它。现在落得如此下场，不是很可悲吗？

貌似庞大的驴，实际上是外强中干，一点厉害的本领也没有，以至于被老虎摸清了底细，最后葬身虎口。这则寓言告诉我们，做人要练就真本事，仅靠花哨的外表唬人，是不会长久的。也就是说，实现人生价值必须全面提高个人素质。

实现人生价值，需要努力发展自己的才能，全面提高个人素质。人生价值的实现过程，是个人在认识和实践活动中施展自己能力的过程。一般来说，能力卓越的人，更有可能创造出卓越的人生。全面的能力可以帮助人们应对不同的生活场景，解决多样的人生难题，把握难得的人生机遇，从而为人生价值的实现提供更加广阔的空间。一个人的能力是其综合素质的表现。在一定意义上，能力是衡量素质的一项重要指标。从事某种活动时，一个人的素质高、能力强，就会得心应手，游刃有余，事半功倍；反之，才疏学浅、能力较差的人，就会感到力不从心，事倍功半。

人的素质是一个多因素的复杂系统。一般认为，人的素质包括思想政治素质、道德素质、科学文化素质、心理素质和身体素质等方面。这些素质是相互联系、相互促进的，是人的全面发展中缺一不可的有机组成部分，对于人生价值的实现具有重要的意义。我们必须努力提高个人素质，实现全面而有个性的发展。

思想政治素质是主导，是人最重要的素质，在人的素质中居于首要地位。思想政治素质包括两个方面：一是思想方面的素质，主要是要具有科学的思维方法，形成科学的世界观、人生观和价值观及树立集体主义观念；一是政治方面的素质，主要是要形成科学正确的政治方向、政治立场、政治观点、政治态度和政治信仰。良好的思想政治素质，能使我们认清社会发展的客观规律，把自己的人生选择建立在科学认识的基础上，不致迷失方向；能使我们较好地处理人生道路上遇到的矛盾，全面地、辩证地对待人生。

道德素质是核心。道德素质是指一个人在社会生活中自觉遵守社会道德规范的素质。是人的道德认知、道德心理、道德观念、道德品质和道德能力以及行为规范等方面的总和。一个社会是否和谐，一个国家能否实现长治久安，很大程度上取决于全体社会成员的道德素质。我们应在遵守公民基本道德规范的基础上，追求更高的思想道德目标，不断改造自己的主观世界，做一个有道德的人。

科学文化素质是基础和重要条件。在现代科学技术突飞猛进、生产的发展越来越多地依靠人的智力和知识的今天，劳动者科学文化素质的高低，对生产的发展、社会的进步有着决定性的影响。为振兴中华而学习，努力把自己锻炼成为社会主义现代化建设的合格人才，是新世纪青年肩负的使命。提高自身的科学文化素质，是实现人生价值的基础和重要条件。

心理素质是关键。健康是一种身体和精神上的完全平衡状态。一个人只是身强力壮，没有器质性疾病，还不算完全健康；只有体格和心理两方面都健康的人，才算是真正的健康。人只有在健康的心理状态下，才能适应外界的变化情况，充分发挥其身心潜在的能力，创造性地学习和工作，从而实现人生价值。在社会急剧变革的今天，多种思想文化的激荡，新旧价值观念的冲突，激烈的竞争，物质生活的悬殊，经济生活和社会生活不协调等，无不冲击人们的心灵，引起人们的认知失调、心理失衡和行为失范。我们必须提高心理素质，正确评价自我，胸襟开阔，豁达大度，积极乐观，正确对待挫折，培养坚忍不拔的毅力，提高心理调控能力，以良好的心理素质去迎接时代与社会的挑战。

身体素质是物质基础。身体素质是人们在运动、劳动和日常活动中，在中枢神经调节下，各器官、系统功能的综合表现，包括力量、耐力、速度、灵敏、柔韧等肌体能力。身体素质的高低是衡量一个人体质状况的重要标志之一。"身体是革命的本钱"，健康的体魄、良好的身体素质已经成为人才竞争的物质资本。健康的身体是实现人生价值的基础。

全面建成小康社会的伟业，振兴中华民族的"中国梦"需要全社会的共同努力，需要保持全社会的凝聚力和创造力。让我们每一个人都行动起来，努力发展自己的才能，全面提高个人素质，为这一伟大目标的实现作出应有的贡献。